PONS

250 Wortschatz-Übungen
ENGLISCH

Für Anfänger und Fortgeschrittene.
Mit ausführlichen Lösungen.

von
Birgit Piefke-Wagner

PONS GmbH
Stuttgart

PONS
250 Wortschatz-Übungen
ENGLISCH

Für Anfänger und Fortgeschrittene. Mit ausführlichen Lösungen.

von
Birgit Piefke-Wagner

Auflage A1 4 3 2 1 / 2017 2016 2015 2014

www.pons.de
E-Mail: info@pons.de

Projektleitung: Majka Dischler
Redaktion: Brian Melican
Logoentwurf: Erwin Poell, Heidelberg
Logoüberarbeitung: Sabine Redlin, Ludwigsburg
Einbandgestaltung: Anne Helbich, Stuttgart
Layout: Petra Michel, Gestaltung & Typografie, Essen
Satz: Satzkasten, Stuttgart
Druck und Bindung: Print Consult GmbH, München

Printed in the EU.
ISBN: 978-3-12-562674-4

WILLKOMMEN

Mit den **250 Wortschatz-Übungen ENGLISCH** können Sie in kleinen Portionen und wo immer Sie möchten Ihren Wortschatz trainieren, festigen oder auffrischen. Dabei erfahren Sie auch viel Wissenswertes zu den Themen, die Sie üben möchten.

Von leicht bis schwer

Die Übungen sind inhaltlich nach Themen sortiert, damit Sie gezielt nach Ihren persönlichen Bedürfnissen üben können. Zu jedem Thema stehen Ihnen Übungen in drei Schwierigkeitsstufen zur Verfügung:

★ = leicht

★★ = mittelschwer

★★★ = schwer

Erweitern Sie nebenbei Ihre Sprachkenntnisse

Zahlreiche Tipps weisen Sie auf wichtige Ausnahmen, Stolperfallen, typische Fehler und schwierige Regeln hin und helfen Ihnen bei der Lösung einer Übung.

(!) = Infos zu Ausnahmen und Stolperfallen

(💡) = weiterführende Erklärungen

(§) = Angaben zur Grammatik

So überprüfen Sie Ihren Lernfortschritt

Mithilfe der **Lösungen** im Lösungsteil können Sie Ihren Lernfortschritt überprüfen. Übungen, in denen Sie noch nicht ganz fehlerfrei waren, wiederholen Sie einfach nach einiger Zeit.

Setzen Sie vorne im **Inhaltsverzeichnis** einen Haken hinter alle Themen, die Sie erledigt haben. So können Sie auf einen Blick sehen, wie viel Sie schon trainiert haben.

Unbekannte Wörter? Kein Problem!

Alle wichtigen Wörter und Wendungen aus den Übungen können Sie in der englisch-deutschen **Wortliste** im Anhang nachschlagen.

Viel Spaß und Erfolg beim Üben!

Ihre PONS-Redaktion

INHALT

	Checkliste	Seite

INHALT Checkliste Seite

	Checkliste		Seite

IN DER GESELLSCHAFT LEBEN

RAUM UND ZEIT

BEGRIFFE ZUR BESCHREIBUNG

ANHANG

Sich vorstellen

1 ★ Verbinden Sie die Fragen und Sätze.

a) May I introduce ___ **A** meet you.
b) What's your ___ **B** Munich.
c) Where are ___ **C** you to my wife, Mandy?
d) I'm from ___ **D** you from?
e) Nice to ___ **E** good time.
f) Have a ___ **F** name?

2 ★ Wie antwortet man korrekt auf die folgenden Fragen und Aussagen?

a) How are you?

- ☒ **A** I'm fine, thank you.
- ☐ **B** I'm Jack Hunt.
- f ☒ **C** I'm from Germany.

b) Nice to meet you.

- ☐ **A** Yes, thank you.
- ☒ **B** Nice to meet you, too.
- ☐ **C** No, thank you.

c) Have a nice day.

- ☐ **A** OK, that's right.
- ☐ **B** Yes, I think so.
- ☒ **C** Thank you. You, too.

Für *Guten Tag* sagt man vormittags **Good morning** und nachmittags **Good afternoon.**

! **You're welcome** heißt nicht *Du bist/Sie sind willkommen*, sondern *Bitte, gern geschehen*.

Aussehen

3 ★

Schreiben Sie Gegensatzpaare auf.

~~young~~ · ~~beautiful~~ · ~~fat~~ · ~~old~~ · ~~ugly~~ · ~~dark~~ · ~~fair~~ · ~~tall~~ · ~~thin~~ · ~~short~~

old	*and*	Young
beautiful	*and*	ugly
fat	*and*	thin
dark	*and*	fair
tall	*and*	short

4 ★★

Wie verändern sich die Wörter im Plural?

a) a young girl	two young	______
b) an old woman	two old	______
c) a tall boy	two tall	______
d) a big man	two big	______
e) a small person	two small	______
f) a cute baby	two cute	______

§

Achten Sie auf die unterschiedlichen Schreibweisen im Englischen und im Deutschen:

baby – babies *(Baby – Babys)*, **party – parties** *(Party – Partys)*, **hobbies** *(Hobbys)*

5

★★

Ein Wort in jeder Reihe beschreibt das **Aussehen** einer Person. Welches?

	A	B	C	D
a)	☐ swim	☐ slam	☐ slum	☒ slim
b)	☒ thin	☐ than	☐ then	☐ these
c)	☐ shark	☐ short	☐ shine	☐ shoe
d)	☐ pity	☐ pink	☐ pretty	☐ pond
e)	☐ short	☐ shirt	☐ shrink	☐ shock
f)	☐ fair	☐ four	☐ fire	☐ full
g)	☐ tell	☐ told	☐ talk	☐ tall
h)	☒ fat	☐ few	☐ for	☐ fan

6

★★★

Setzen Sie die englischen Übersetzungen der Begriffe an den passenden Stellen ein. Die Anfangsbuchstaben helfen Ihnen dabei.

Schnurrbart • ~~klein~~ • ähnlich • Haarschnitt • gut aussehend • ~~schlank~~ • Bart

a) If you hate shaving you can grow a *b* ________________.

b) People who are related often look *s* ________________.

c) Wow, I like your new *h* ________________.

d) This is Leonie. She's my *l* ittel sister.

e) Nora's daughter is very *g* ________________.

f) Models are always very *s* Lim.

g) What about growing a *m* ________________? – Good idea.

Gefühle und Stimmungen

7 ★

Ordnen Sie die Wörter nach positiven und negativen Bedeutungen ein.

pleased ▪ ~~unhappy~~ ▪ ~~funny~~ ▪ awful ▪ scary ▪ pleasant ▪ upset ▪ furious ▪ nice ▪ grateful ▪ ~~mad~~ ▪ glad

Positiv	Negativ
• funny	• unhappy • mad

8 ★

Verbinden Sie die richtigen Wörter miteinander.

a) emotion	___ A Stimmung
b) fear	___ B Gefühl
c) surprise	___ C Freude
d) mood	e D Glück
e) luck	c E Überraschung
f) joy	___ F Angst
g) pleasure	___ G Vergnügen

!

Achten Sie auf den unterschiedlichen Gebrauch von **lucky** und **happy**.

I'm lucky. – *Ich habe Glück.*

I'm happy. – *Ich bin glücklich.*

9 ★★

Finden Sie waagerecht die englischen Entsprechungen folgender Wörter.

aufgeregt • verrückt • Stimmung • bevorzugen • dankbar • hassen • bedauern • traurig • vermissen • sich Sorgen machen

M	O	O	D	A	W	O	R	R	Y
E	G	R	A	T	E	F	U	L	T
P	R	E	X	C	I	T	E	D	L
O	M	A	D	O	X	H	A	T	E
L	U	S	R	E	G	R	E	T	O
S	A	D	U	M	M	I	S	S	I
R	U	P	R	E	F	E	R	E	M

10 ★★

Bilden Sie aus der Wortfamilie passende Substantive und übersetzen Sie.

a) surprising *surprise* – *Überraschung*

b) shocked ______ – ______

c) funny fun – Spaß

d) feel ______ – ______

e) happy ______ – Glück

f) horrible ______ – ______

g) satisfied ______ – ______

h) hopeful ______ – ______

11

★★

Übersetzen Sie die gekennzeichneten Wörter.

a) I'm **pleased** to meet you. ____________________

b) My boss **is** really **fond of me**. ____________________

c) Were you **surprised** to get a present? ____________________

d) The football match was **disappointing**. ____________________

e) Are you **worried** about your son? ____________________

f) What's wrong, Sue, you look **sad**. ____________________

g) They **blame me** for the bad organization. ____________________

h) Mr Hunt is very **concerned** about his dog. ____________________

12

★★★

Verbinden Sie die Gesichtsausdrücke mit jeweils zwei passenden Begriffen.

delighted • be afraid of • mad • ~~crazy~~ • furious • be scared of • ~~angry~~ • very pleased •

a) ____________________

b) ____________________

c) angry

d) crazy

Charakter und Verhalten

13 ★

Welche Übersetzung passt?

a) impolite
- ☐ A imposant
- ☐ B unhöflich
- ☐ C intern

b) brave
- ☐ A brandneu
- ☐ B brav
- ☐ C tapfer

c) grumpy
- ☐ A mürrisch
- ☐ B gruselig
- ☐ C knittrig

d) honest
- ☐ A fleißig
- ☐ B ehrlich
- ☐ C kantig

e) curious
- ☐ A kunterbunt
- ☐ B neugierig
- ☐ C sauber

f) quiet
- ☐ A quicklebendig
- ☐ B sparsam
- ☐ C ruhig

g) weird
- ☐ A weltlich
- ☐ B wachsam
- ☐ C seltsam

h) lazy
- ☐ A faul
- ☐ B laut
- ☐ C lahm

14 ★

Finden Sie sechs **positive** und sechs **negative Charaktereigenschaften** in der Wortschlange und sortieren Sie.

kindpoliteimpolitepatientlazyrude
friendlyboringgrumpynicesillybrave

Positiv	Negativ

15 ★

Verbinden Sie die richtigen Substantive miteinander.

a) attitude	___ A Persönlichkeit
b) patience	___ B Benehmen
c) personality	___ C Eigenschaft
d) ambition	___ D Einstellung
e) habit	___ E Verantwortung
f) responsibility	___ F Geduld
g) behaviour	___ G Ehrgeiz
h) character	___ H Gewohnheit

16 ★★

Wählen Sie alle **positiven Charaktereigenschaften** aus und setzen Sie sie neben die deutsche Entsprechung.

determined ▪ gentle ▪ rude ▪ popular ▪ weird ▪ self-assured ▪
bright ▪ brave ▪ lazy ▪ violent ▪ enjoyable ▪ annoying ▪
strange ▪ fascinating ▪ confused ▪ pleasant ▪ cruel ▪ peaceful

a) *angenehm*	______	b) *klug*	______
c) *faszinierend*	______	d) *sanft*	______
e) *entschlossen*	______	f) *tapfer*	______
g) *unterhaltsam*	______	h) *friedlich*	______
i) *selbstbewusst*	______	j) *beliebt*	______

17 ★★

Vervollständigen Sie die Definitionen mit dem richtigen Wort.

a) A person with good manners is ____________

- ☐ **A** passive.
- ☐ **B** polite.
- ☐ **C** personal.

b) It is ____________ to light fireworks with a match.

- ☐ **A** friendly
- ☐ **B** fine
- ☐ **C** foolish

c) People who get whatever they want are ____________

- ☐ **A** spoilt.
- ☐ **B** serious.
- ☐ **C** sweet.

d) People who don't talk much are ____________

- ☐ **A** quiet.
- ☐ **B** curious.
- ☐ **C** crazy.

e) Your children behave so well. They are ____________

- ☐ **A** grumpy.
- ☐ **B** charming.
- ☐ **C** annoying.

18 ★★★

Finden Sie in jeder Zeile ein Adjektiv und schreiben Sie das Gegenteil davon in die Zeile daneben.

A	R	E	S	T	U	P	I	D	E	__________
B	A	C	T	I	V	E	I	T	S	__________
C	A	B	O	R	I	N	G	O	R	__________
T	H	U	N	P	O	L	I	T	E	__________
L	O	U	D	A	U	W	N	E	M	__________
P	U	N	C	N	O	R	M	A	L	__________
U	V	I	O	L	E	N	T	E	N	__________
A	S	C	A	R	E	L	E	S	S	__________

19 ★★★

Vergleichen Sie die Personen miteinander.

a) Sarah is much ________________ (nice) than Anna.

b) Max is ________________ (clever) than Bill.

c) Jason is ________________ (careful) with his money than Nick.

d) Mum is ________________ (patient) than Dad.

e) Our boss is ________________ (determined) than our manager.

f) Lou is ________________ (self-confident) than her sister.

§

Um Vergleiche anstellen zu können, muss man Adjektive steigern:

Einsilbige Adjektive: **smart – smarter – smartest**

Zweisilbige Adjektive: **crazy – crazier – craziest**

(Oder mit **more/most**:) **polite – more polite – most polite**

Dreisilbige Adjektive: **difficult – more difficult – most difficult**

Wohnung und Haus

20 ★

Vervollständigen Sie die Wörter für bestimmte **Gebäudearten**. Sie finden die Wörter mit durcheinandergeratenen Buchstaben in der Box.

tacheded ouesh • gettoca • marfouesh • laft • emis-tacheded ouesh • srecryksap • adecertr ouesh

a) Wohnung *f* ______

b) Einfamilienhaus *d* ______ *h* ______

c) Doppelhaushälfte *s* ______ *-d* ______ *h* ______

d) Reihenhaus *t* ______ *h* ______

e) Häuschen *c* ______

f) Wolkenkratzer *s* ______

g) Bauernhaus *f* ______

21 ★★

Welche Verben gehören zu folgenden Nomen?

a) sale *sell* – *verkaufen*

b) owner ______ – *besitzen*

c) building ______ – *bauen*

d) step ______ – *treten*

e) lift ______ – *heben*

f) ring ______ – *klingeln*

g) entrance ______ – *hineingehen*

22 ★★

Markieren Sie waagerecht zehn Dinge, die zu einem **Haus** gehören.

E	W	A	L	L	I	S	H	Y	M
P	R	O	M	S	T	A	I	R	S
D	O	O	R	W	E	U	R	P	A
N	I	W	I	N	D	O	W	O	N
R	O	O	F	S	U	S	T	E	P
A	K	E	Y	V	L	I	G	H	T
L	E	W	H	E	A	T	I	N	G
S	B	E	L	L	U	R	W	I	H

23 ★★

Setzen Sie die richtigen Wörter in die **Wohnungsanzeige**.

rent ▪ room ▪ heating ▪ preferred ▪ near ▪ pets ▪ bills ▪ toilet ▪ flat ▪ unfurnished ▪ let

To ______________ **(a)**:

Lovely ______________ **(b)** 2- bedroom ______________ **(c)** near Manchester. The flat has a living ______________ **(d)**, a kitchen, a bathroom and a separate ______________ **(e)**. Central ______________ **(f)**. Ideal for students, ______________ **(g)** university. ______________ **(h)**: £300, including ______________ **(i)**. Non-smokers ______________ **(j)**. No ______________ **(k)**, please.

!

Sucht man in einer englischen Zeitung nach einer Wohnung, begegnet man zwei wichtigen Begriffen:

rent, to rent	*Miete, mieten*	**The rent is low.**	*Die Miete ist niedrig.*
to let	*vermieten*	**Room to let!**	*Zimmer zu vermieten!*

Steht ein Haus zum Verkauf, stellt der Immobilienmakler ein Schild mit seinen Kontaktdaten in den Vorgarten oder ins Fenster:

For sale	*zu verkaufen*	**Sold**	*Verkauft*

Balkon, Terrasse, Garten

24 ★★

Verbinden Sie die Wörter für **Blumen und Bäume** miteinander.

a) birch	___	**A** Vergissmeinnicht
b) daffodil	___	**B** Kiefer
c) oak	___	**C** Birke
d) tulip	___	**D** Gänseblümchen
e) pine	___	**E** Buchsbaum
f) daisy	___	**F** Tulpe
g) box	___	**G** Osterglocke
h) forget-me-not	___	**H** Eiche

25 ★★

Vervollständigen Sie die Sätze.

lawn ▪ bench ▪ gardener ▪ barbecue ▪ back garden ▪ flower box ▪ gardening

a) A person who works in a garden is a ____________________ .

b) On a balcony you can plant your flowers in a ____________________.

c) An area in a garden with a lot of grass is a ____________________.

d) The garden behind your house is called the ____________________.

e) A ____________________ is a nice piece of furniture for your garden.

f) Why not get some sausages, invite some friends round, and have a ____________________ on your terrace?

g) Another word for working in the garden is ____________________.

26 ★★

Wie heißen die Aktivitäten im **Garten**? Wählen Sie aus.

a) *Rasen mähen*

- ☐ A to move the lawn
- ☐ B to mean the lawn
- ☐ C to mow the lawn

b) *Rosen pflanzen*

- ☐ A to plough a rose
- ☐ B to plug a rose
- ☐ C to plant a rose

c) *Loch graben*

- ☐ A to dig a hole
- ☐ B to grow a hole
- ☐ C to catch a hole

d) *Unkraut jäten*

- ☐ A to weed
- ☐ B to jump
- ☐ C to tickle

27 ★★

Schreiben Sie aus der Wortschlange acht Wörter für **Gemüse und Kräuter** auf, die im **Garten** oder auf dem **Balkon** wachsen können.

herbscucumberparsleytomatobasilonionpotatochives

a) *Gurke* __________

b) *Kartoffel* __________

c) *Tomate* __________

d) *Zwiebel* __________

e) *Kräuter* __________

f) *Schnittlauch* __________

g) *Petersilie* __________

h) *Basilikum* __________

!

Achten Sie auf den unterschiedlichen Gebrauch von **salad** und **lettuce** für *Salat*: Kaufen Sie Salat, sprechen Sie von **lettuce**, haben Sie ihn zubereitet, sprechen Sie von **salad**.

Zimmer und Möbel

28 ★★

Nennen Sie die entsprechenden **Zimmer**.

a) You read and watch TV here. ______
b) You hang up your coat here. hall
c) You eat in this room. living room dining room
d) You cook in this room. kitchen
e) You have a shower in this room. bathroom
f) You sleep in this room. bedroom

29 ★★

Weitere **Zimmer** in einem Haus finden Sie im Wortgitter. In jeder Reihe ist senkrecht ein Wort versteckt. Schreiben Sie es an die richtige Stelle.

D	U	S	T	O	U	L	W	A
I	L	T	O	C	G	O	O	B
A	E	O	I	O	A	P	S	A
T	C	R	L	R	R	S	T	L
T	E	E	E	R	A	T	A	C
I	L	R	T	I	G	U	I	O
C	L	O	O	D	E	D	R	N
E	A	O	L	O	W	Y	S	Y
W	R	M	L	R	E	S	P	S

a) attic *(Dachboden)*
b) cellar *(Keller)*
c) ______ *(Vorratskammer)*
d) toilet *(Toilette)*
e) corridor *(Korridor)*
f) garage *(Garage)*
g) ______ *(Arbeitszimmer)*
h) ______ *(Treppe)*
i) balcon *(Balkon)*

30 ★

Diese Dinge brauchen Sie **in der Küche**. Sortieren Sie.

~~oven~~ • ~~plate~~ • ~~cup~~ • ~~kettle~~ • ~~glass~~ • ~~knife~~ • ~~spoon~~ • ~~fridge~~ •
~~microwave~~ • ~~bowl~~ • ~~dishwasher~~ • ~~fork~~ • ~~mixer~~ • ~~coffee machine~~

cutlery, dishes *(Besteck, Geschirr)*	**electric gadgets** *(elektrische Geräte)*
• glass	• coffee machine
• plate	• discwasher
• cup	• mixer
• kettle	• oven
• Schüssel	• microwave
• Messer	• fridge
• Löffel	
• frok	

31 ★

Befinden sich diese Gegenstände im richtigen **Zimmer**? Kreuzen Sie an.

a)	a desk in the kitchen	☐ **A** right	☒ **B** wrong
b)	a carpet in the living room	☒ **A** right	☐ **B** wrong
c)	a clock in the hall	☒ **A** right	☐ **B** wrong
d)	a fireplace in the toilet	☐ **A** right	☒ **B** wrong
e)	a pillow in the garage	☐ **A** right	☒ **B** wrong
f)	a sink in the living room	☐ **A** right	☒ **B** wrong
g)	a freezer in the bedroom	☐ **A** right	☒ **B** wrong
h)	a mirror in the bathroom	☒ **A** right	☐ **B** wrong
i)	a car in the attic	☐ **A** right	☒ **B** wrong

32 Setzen Sie das richtige Verb ein.

★★

cut down ▪ go down ▪ get up ▪ switch off ▪ lay ▪ lie down ▪ ~~look after~~ ▪ live

a) You can ______________________ the table.

b) You can look after the TV.

c) You can ______________________ for a moment.

d) You can ______________________ early.

e) You can ______________________ the children.

f) You can ______________________ the stairs.

g) You can ______________________ upstairs.

h) You can ______________________ the bushes.

33 Zehn Wörter drücken **Gemütlichkeit** aus? Welche?

★★

candle ▪ pressure ▪ wet ▪ speed ▪ comfortable ▪ cosy ▪ dream ▪ blanket ▪ mess ▪ scary ▪ nightmare ▪ warm ▪ rocking chair ▪ fireplace ▪ couch ▪ candlelight ▪ cold

a) ______________________ b) ______________________

c) ______________________ d) ______________________

e) ______________________ f) ______________________

g) ______________________ h) ______________________

i) ______________________ j) ______________________

34 ★★

Kreuzen Sie in jeder Reihe ein Wort an, das ins **Badezimmer** passt.

	A	B	C
a)	☒ A bathtub	☐ B sunbathing	☐ C breathing
b)	☐ A soup	☒ B soap	☐ C sound
c)	☐ A tower	☐ B thousand	☒ C towel
d)	☐ A miracle	☒ B mirror	☐ C minority
e)	☒ A tap	☐ B top	☐ C tube
f)	☒ A toothpaste	☐ B path	f ☒ C pasta
g)	☐ A hairdresser	☒ B hair-dryer	☐ C hair extension

35 ★★★

British English or American English? Ordnen Sie die Wörter richtig zu.

rubbish bin • living room • bathroom • cupboard • stove •
cabinet • closet • cooker • basement •
garbage can • sitting room • toilet • wardrobe • cellar

German	British English (BE)	American English (AE)
a) *Keller*	cellar	basement
b) *Wohnzimmer*	sitting room	living room
c) *Schrank*	cabinet	cupboard
d) *Kleiderschrank*	closet	wardrobe
e) *Herd*	cooker	stove
f) *Mülleimer*	rubbish bin	garbage can
g) *Toilette*	toilet	bathroom

Putzen und Aufräumen

36 ★★

Setzen Sie die Wörter an die richtige Stelle im Text.

dishes ▪ terrace ▪ washed ▪ bathroom ▪ tidied up ▪ some shirts ▪ bath

What did you do yesterday?

I did the ______________________ **(a)** in the morning, then I ______________________ **(b)** Tim's dirty football socks.

After I had taken a ______________________ **(c)**, I cleaned the ______________________ **(d)** and ______________________ **(e)** the children's rooms.

After lunch I went outside and swept the ______________________ **(f)**.

In the evening I watched TV and ironed ______________________ **(g)**.

37 ★★★

Ergänzen Sie die Sätze.

a) You can hang the ______________________ *(Wäsche)* up in the garden.

b) Could you help me with the ______________________ *(Abwasch)*, please?

c) Nobody helps me with the ______________________ *(Hausarbeit)*.

d) Can you ______________________ *(fegen)* the balcony, please?

e) Mum's study is always ______________________ *(ordentlich)*.

f) Look at that ______________________ *(Fleck)* on the sofa!

g) The ______________________ *(Besen)* is in the garage.

h) You'll find ______________________ *(saubere)* towels in the bathroom.

Verwandtschaft

38 ★

Wie heißt das passende weibliche oder männliche Gegenstück? Das richtige Wort steht mit vertauschten Buchstaben hinter der Linie.

a) mother ____________ a r h t e f

b) uncle ____________ t u n a

c) son ____________ r e g h a t u d

d) sister ____________ e r t h r o b

e) wife ____________ s u b d n a h

f) niece ____________ p w e n e h

g) cousin ____________ n i s u c o

39 ★★

Nennen Sie die richtigen **Familienbezeichnungen**.

a) Tom's brother has a daughter. She's Tom's ____________.

b) My sister's husband is my ____________.

c) Dad's sister has two sons. They're my ____________

d) Mum's mother is 92. She's our ____________.

e) Dad's mum and dad are my ____________.

f) My daughter's children are my ____________.

g) Rob married Sarah. She's his ____________ now.

!

Angeheirateten Verwandten wird ein **in-law** angehängt:

mother-in-law *(Schwiegermutter)*, **brother-in-law** *(Schwager)*, etc.

Stiefverwandtschaft wird ein **step** vorangestellt: **stepfather**, **stepdaughter**, etc.

40 ★★

Lösen Sie das Kreuzworträtsel. Sieben waagerechte, richtige Wörter ergeben das Lösungswort zu h).

a) *geboren*

b) *verlobt*

c) *ledig*

d) *verheiratet*

e) *getauft*

f) *geschieden*

g) *begraben*

h) **Lösungswort:** *verwandt*

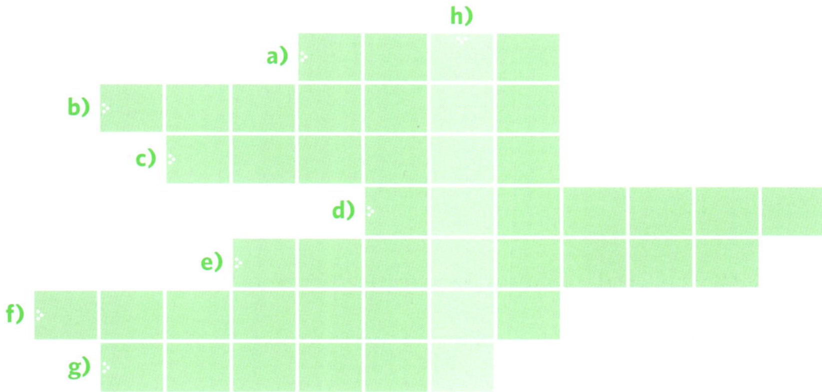

41 ★★★

Setzen Sie die richtigen Wörter ein.

a) May I introduce you to my parents *(Eltern)*, David and Victoria.

b) I don't mind being an only child *(Einzelkind)*.

c) Simon has two brothers. They're twins *(Zwillinge)*.

d) Lisa's twin *(Zwillingsschwester)* is in Australia for a year.

e) Mrs Hanson's grandchild *(Enkelin)* is three years old. granddaughter

f) Our ancestors *(Vorfahren)* came from Ireland.

g) Martine's husband doesn't have many relative *(Verwandte)*.

h) Anthony has two sons from his first marriage *(Ehe)*.

Familienfeiern

42 ★

Welche Wörter passen zu einer **Familienfeier**? Kreuzen Sie an.

a) ☐ **A** inventions *or* ☐ **B** invitations

b) ☐ **A** guests *or* ☐ **B** ghosts

c) ☐ **A** part-time *or* ☐ **B** party

d) ☐ **A** anniversary *or* ☐ **B** annotation

e) ☐ **A** drinks and foot *or* ☐ **B** drinks and food

f) ☐ **A** congratulations *or* ☐ **B** conjunctions

g) ☐ **A** tanks *or* ☐ **B** thanks

h) ☐ **A** fun *or* ☐ **B** fan

i) ☐ **A** unforgettable time *or* ☐ **B** unfamiliar time

43 ★★

Finden Sie waagerecht die englischen Wörter für **Familienfeiern**.

a) *Geburtstag* Birthday

b) *Taufe* ________

c) *Konfirmation* ________

d) *Verlobung* ________

e) *Hochzeit* ________

f) *Jahrestag* ________

A	C	O	N	F	I	R	M	A	T	I	O	N	U	Z
P	R	O	M	U	N	I	W	E	D	D	I	N	G	A
T	I	L	B	I	R	T	H	D	A	Y	L	U	B	O
A	N	N	I	V	E	R	S	A	R	Y	I	L	Z	Y
E	B	A	P	T	I	S	M	U	O	K	H	E	W	S
W	E	M	P	G	E	N	G	A	G	E	M	E	N	T

Feiertage

44 ★

Welche **Feiertage** werden hier symbolisch gezeigt?

a) Easter

b) merry christmas

c) Halloween

d) New Year's Eve

Christmas Eve (**Eve** von **evening**) ist der Abend vor Weihnachten – *Heiligabend.*

New Year's Eve (**Eve** von **evening**) ist der Abend vor dem neuen Jahr – *Silvester.*

In Großbritannien sind **bank holidays** Feiertage, an denen Banken, Behörden und z. T. auch Läden geschlossen bleiben:

Early May Bank Holiday (1. Montag im Mai), **Spring Bank Holiday** (letzter Montag im Mai), **August Bank Holiday** (letzter Montag im August)

45 ★★

Wie heißen die **Nationalfeiertage** in den folgenden Ländern?

a) Ireland (17.3.): ☐ **A** James Joyce's Day ☐ **B** St. Patrick's Day

b) Scotland (30.11.): ☐ **A** St. Andrew's Day ☐ **B** St. Mary's Day

c) USA (4.7.): ☐ **A** United Day ☐ **B** Independence Day

Frühstück

46 ★★

Zum **Frühstück** können Eier unterschiedlich serviert werden. Kreuzen Sie richtig an.

a) boiled eggs	☐ A gefüllte Eier	☐ B gekochte Eier
b) poached eggs	☐ A pochierte Eier	☐ B geschnittene Eier
c) scrambled eggs	☐ A Rühreier	☐ B rohe Eier
d) fried eggs	☐ A gefrorene Eier	☐ B Spiegeleier

47 ★★

Worin besteht der Unterschied zwischen einem **Full English Breakfast** und einem **Continental Breakfast**? Sortieren Sie. Ein Element kommt in beiden Varianten vor.

croissants or toast • eggs • fried mushrooms • marmalade • black pudding • tea or coffee • bacon • butter • fried tomatoes • baked beans • pastry • sausages • fried bread or toast • orange juice • cereals • jam

Full English Breakfast	Continental Breakfast

!

Das englische Wort **marmalade** wird nur für *Marmelade aus Orangen und anderen Zitrusfrüchten* verwendet, alle anderen Marmeladen bzw. Konfitüren sind unter dem Wort **jam** zusammengefasst, z. B. **strawberry jam** – *Erdbeermarmelade*, etc.

Hauptgericht

48 ★

Im Deutschen **ein** Wort, im Englischen **zwei** Wörter. Ordnen Sie zu.

a) vegetable soup	___	**A** Lammkoteletts
b) roast beef	___	**B** Tomatensauce
c) roast pork	___	**C** Ofenkartoffeln
d) roast potatoes	___	**D** Schweinebraten
e) lamb chops	___	**E** Gemüsesuppe
f) tomato sauce	___	**F** Rinderbraten

!

Man unterscheidet bei rotem Fleisch das lebende Tier vom Fleisch zum Verzehr:
cow *Rind* – **beef** *Rindfleisch* und **pig** *Schwein* – **pork** *Schweinefleisch.*
Unverändert bleiben **lamb**, **chicken**, **turkey** (*Lamm-*, *Hähnchen-* und *Truthahnfleisch*).

49 ★★

Schreiben Sie verschiedene **Beilagen** auf. Das richtige Wort steht mit vertauschten Buchstaben hinter der Linie.

a) *Nudeln* ________________ s t a p a

b) *Reis* ________________ e r i c

c) *Kartoffeln* ________________ t a t o p o s e

d) *Gemüse* ________________ v a s e t e b l e g

e) *Salat* ________________ d a l s a

f) *Salatsoße* ________________ s i n g s e r d

g) *(Braten)soße* ________________ v y r a g

h) *Pommes frites* ________________ p s c h i

50 ★★

Für das **Hauptgericht** wählen Sie Lebensmittel aus verschiedenen Nahrungsmittelgruppen. Ergänzen Sie die Sätze mit den Wörtern aus dem Kasten.

meat ▪ dairy ▪ vegetables ▪ fish ▪ poultry ▪ fruit

a) ____________________ such as onions and carrots are good for you.

b) Beef and pork are common types of ____________________.

c) Chicken and turkey are typical kinds of ____________________.

d) Tuna and trout are both types of ____________________.

e) A lot of Asian dishes are sweet because they include ____________________.

f) ____________________ products such as milk and cheese are healthy.

Gemüse und Obst kaufen Sie *beim Gemüsehändler.*	**at the greengrocer's**
Fleisch kaufen Sie *beim Metzger.*	**at the butcher's**
Brot und Backwaren kaufen Sie *beim Bäcker.*	**at the baker's**

51 ★★

Ein Buchstabe ist falsch. Korrigieren und schreiben Sie richtig.

a) salt and papper ____________________

b) fish and ships ____________________

c) fresh meet ____________________

d) tomato soap ____________________

e) frozen foot ____________________

f) vegetarian meel ____________________

g) owl and vinegar ____________________

52 ★★★

Entscheiden Sie sich für das richtige Wort.

a) Hm, I like that sauce. It's ...

☐ **A** delicious

☐ **B** deficient

b) Sam put a lot of pepper on it. Be careful, it's ...

☐ **A** sharp

☐ **B** hot

c) Can you put the chops back on the grill, please? They're still ...

☐ **A** row

☐ **B** raw

d) Salad consisting of different types of vegetables is called ...

☐ **A** misty salad

☐ **B** mixed salad

e) I don't like mushrooms. They are ...

☐ **A** awful

☐ **B** awesome

f) Meat or fish and vegetables, slowly cooked in some water make a ...

☐ **A** stew

☐ **B** pottery

!

Nicht verwechseln! **chips** *(BE)*, **French fries** *(AE)* *Pommes frites*

crisps *(BE)*, **chips** *(AE)* *(Kartoffel)chips*

Nachtisch und Süßigkeiten

53 ★

Drei der folgenden Fragen heißen „Was gibt es zum Nachtisch?“ Welche?

a) What's for afters? ☐ **A** right ☐ **B** wrong

b) What's for dessert? ☐ **A** right ☐ **B** wrong

c) What's for afternoon? ☐ **A** right ☐ **B** wrong

d) What's for the ending? ☐ **A** right ☐ **B** wrong

e) What's for pudding? ☐ **A** right ☐ **B** wrong

Verwechseln Sie nicht **desert** – *Wüste* mit **dessert** – *Nachtisch*.

Achten Sie auf die Aussprache:
desert [ˈdezət] Betonung auf der 1. Silbe; **dessert** [dɪˈzɜːt] Betonung auf der 2. Silbe.

54 ★★

Ordnen Sie die Begriffe für **Nachspeisen und Süßigkeiten** richtig zu.

biscuits • custard • strawberries and cream • bar of chocolate • jelly • cheesecake • apple pie

a) *Käsekuchen* cheesecake

b) *Vanillecreme* custard

c) *Wackelpudding* jelly

d) *gedeckter Apfelkuchen* apple pie

e) *Erdbeeren mit Sahne* strawberries and cream

f) *Tafel Schokolade* bar of chocolate

g) *Kekse* biscuits

Kochen, backen, zubereiten

55 ★★

Hier sind waagerecht 16 Verben für das **Zubereiten** von Speisen aller Art versteckt. Kreisen Sie sie ein und ordnen Sie sie richtig zu.

P	A	S	L	I	C	E	A	M	U	S	E
T	A	S	T	E	N	T	C	O	O	K	S
O	U	W	R	A	P	U	N	G	F	R	Y
E	B	U	R	N	W	E	B	A	K	E	G
M	I	X	E	N	O	R	O	A	S	T	A
N	A	P	E	E	L	E	N	S	T	I	R
D	H	E	A	T	E	W	C	H	O	P	P
C	U	T	T	U	S	M	E	L	L	E	N

a) cut *(schneiden)*

b) wrap *(einwickeln)*

c) ______ *(im Ofen braten)*

d) smell *(riechen)*

e) burn *(verbrennen)*

f) Peel *(schälen)*

g) heat *(erhitzen)*

h) cook *(kochen)*

i) mix *(mischen)*

j) use *(benutzen)*

k) taste *(schmecken)*

l) chop *(hacken)*

m) stir *(rühren)*

n) bake *(backen)*

o) ______ *(in Scheiben schneiden)*

p) ______ *(in der Pfanne braten)*

56 ★★

Zutaten und Gewürze. Nur ein Wort in jeder Reihe ist richtig.

	A	B	C
a)	☐ A flower	☐ B flour	☐ C favour
b)	☐ A herbs	☐ B hurts	☐ C hearts
c)	☐ A purple	☐ B paper	☐ C pepper
d)	☐ A salt	☐ B saint	☐ C sold
e)	☐ A shuttle	☐ B shower	☒ C sugar
f)	☐ A sour cream	☐ B south cream	☐ C sand cream

57 ★★

Welche Eigenschaften können **zubereitete Speisen** haben? Übersetzen Sie.

a) hot ______________ und ______________

b) cold ______________

c) sour ______________

d) bitter ______________

e) sweet ______________

f) salty ______________

g) mild ______________

h) smoky ______________

i) spicy ______________ und ______________

Umgangssprachlich sagt man **yummy**, wenn etwas *lecker* schmeckt. Wenn etwas *scheußlich* schmeckt, sagt man umgangssprachlich auch **Yuck!** – *Igitt!*

58 ★★★

Wenn Sie **Kochrezepte** lesen, können diese Wörter nützlich sein. Das Lösungswort ergibt den Namen eines traditionellen Nachtischs.

a) waagerecht:

1. *Ofen*
5. *Pfund*
7. *fertig*
9. *Geschmack, Aroma*
10. *schneiden*
13. *erhitzen*
15. *abtropfen (lassen)*
16. *Esslöffel*
17. *vorheizen*
18. *Pfanne*

b) senkrecht:

2. *ausleeren*
3. *behutsam, sanft*
4. *Zutaten*
6. *glatt*
8. *hinzufügen*
11. *Schale*
12. *vorbereiten*
14. *Teelöffel*

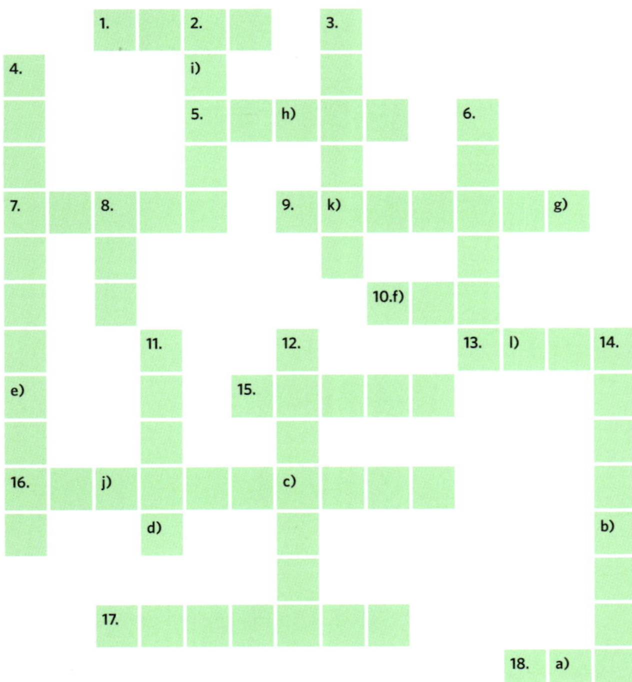

Lösungswort:

a)	b)	c)	d)	e)		f)	g)	h)	i)	j)	k)	l)

Das deutsche Wort *Rezept* hat im Englischen je nach Bedeutung zwei Übersetzungen: *(Koch)rezept* – **recipe** und *Rezept* vom Arzt – **prescription.**

Obst und Gemüse

59 ★

Obstsalat! Hier sind die Buchstaben von verschiedenen Früchten durcheinandergeraten. Schreiben Sie die Wörter richtig.

a) molen ______________ *(Zitrone)*

b) pache ______________ *(Pfirsich)*

c) papel ______________ *(Apfel)*

d) nagero ______________ *(Orange)*

e) ipnepaple ______________ *(Ananas)*

f) molen ______________ *(Melone)*

g) arep ______________ *(Birne)*

60 ★★

Fügen Sie den Beschreibungen die richtige Sorte **Obst** zu.

apricot ▪ grapefruit ▪ cherries ▪ plum ▪ banana ▪ mango ▪ watermelon

a) A long curved fruit with a yellow skin is a ______________.

b) ______________ are red or black, small, with a hard seed in the middle.

c) A ______________ is larger than an orange and not as sweet as an orange.

d) A ______________ is a tropical fruit with a large, hard stone in the middle.

e) A ______________ is large, with dark green skin and lots of black seeds.

f) It's small, oval, with a red or purple skin and a hard stone: ______________

g) An ______________ is a small, round, soft fruit with an orange skin.

61 ★★

Kennen Sie sich mit **Beerenfrüchten** aus? Ordnen Sie die Beeren richtig zu, drei Farben helfen Ihnen dabei.

~~a)~~ strawberry	e	**A** rote Johannisbeere
~~b)~~ blueberry	h	**B** Weintrauben
c) gooseberry	b	**C** Blaubeere oder Heidelbeere
d) raspberry	g	**D** Holunderbeere
~~e)~~ redcurrant	a	**E** Erdbeere
~~f)~~ blackcurrant	c	**F** Stachelbeere
g) elderberry	d	**G** Himbeere
h) grapes	f	**H** schwarze Johannisbeere

62 ★★

Markieren Sie waagerecht verschiedene Arten von **Gemüse** und schreiben Sie sie an die richtige Stelle.

S	A	C	U	C	U	M	B	E	R	O	N
M	U	S	T	N	O	N	I	O	N	E	W
O	B	E	A	N	S	T	A	L	K	S	Y
P	O	M	U	S	H	R	O	O	M	S	T
U	N	V	P	E	A	S	I	N	S	E	R
B	I	C	O	U	R	G	E	T	T	E	N
T	R	A	N	C	G	A	R	L	I	C	H
H	A	S	P	A	R	A	G	U	S	T	E

a) *Erbsen* ____________ b) *Zwiebel* ____________

c) *Pilze* ____________ d) *Gurke* ____________

e) *Zucchini (BE)* ____________ f) *Bohnen* ____________

g) *Spargel* ____________ h) *Knoblauch* ____________

63 ★★

Kreuzen Sie die elf Sorten **Gemüse** an, die auf dem Bild zu sehen sind.

☐ A aubergine	☐ B cabbage	☐ C gherkin
☒ D red pepper	☒ E tomato	☐ F cauliflower
☐ G pumpkin	☐ H carrots	☐ I garlic
☐ J leek	☐ K sweetcorn	☐ L potato
☐ M lettuce	☐ N broccoli	☒ O yellow pepper

64 ★★★

Ordnen Sie die vier **Gemüsearten** aus der Übung 63, die nicht auf dem Bild zu sehen sind, den deutschen Bedeutungen zu.

a) ______________________ *(Kohl)*

b) ______________________ *(Kürbis)*

c) ______________________ *(Mais)*

d) ______________________ *(Brokkoli)*

!

A cucumber ist eine lange grüne Gurke, die gerne für Salat verwendet wird.

A gherkin ist eine kleine grüne Gurke, die meistens in Essig eingelegt wird.

Getränke

65 ★

Entnehmen Sie der Wortschlange verschiedene **Getränke** und sortieren Sie sie nach alkoholischen und alkoholfreien **Getränken**.

milkwinewaterchampagnelemonadejuicecocktailbeerteawhiskycoffeecider

alcoholic drinks	soft drinks

Getränke kauft man in Großbritannien im Supermarkt oder an Tankstellen – es gibt keine Getränkeläden. In sogenannten **off-licences** werden alkoholische Getränke verkauft. Getränke werden nicht in Getränkekisten angeboten. In Großbritannien und Irland werden neben Behältern für 0,33l und 0,5l auch Dosen mit 0,568l Inhalt (= 1 Pint) angeboten. Sehr weit verbreitet sind **six-packs** mit 6 Dosen Bier. Pfand gibt es nicht.

66 ★

Getränke werden in bestimmten Einheiten angeboten. Wie heißen sie?

a) a glass of water — *ein* ______ *Wasser*

b) a bottle of white wine — *eine* ______ *Weißwein*

c) a carton of milk — *eine* ______ *Milch*

d) a pint of lager — *ein* ______ *Lagerbier*

e) half a pint of ale — *ein* ______ *dunkles Bier*

f) a can of coke — *eine* ______ *Cola*

67 ★★

Welche **Getränke** zeigen die Bilder? Schreiben Sie die korrekten Bezeichnungen darunter. Die Wörter stehen mit vertauschten Buchstaben im Kasten.

teraw imralne • sesgiun • der inew • eta • ganroe ceiju • derci • fecoef • shywik • gnemahapc

a) ______________

b) ______________

c) ______________

d) ______________

e) ______________

f) ______________

g) ______________

h) ______________

i) ______________

68 ★★★

In jeder Reihe hat nur ein Wort mit **Getränken** zu tun. Welches?

	A	B	C
a)	☐ mud	☐ mug	☐ monk
b)	☐ corkscrew	☐ cork oak	☐ screwdriver
c)	☐ tea sack	☐ tea bottle	☐ tea bag
d)	☐ cracked ice	☐ crashed ice	☐ crushed ice
e)	☐ bottle opener	☐ hot water bottle	☐ bottle blondie
f)	☐ pack ice	☐ ice cube	☐ ice skate
g)	☐ wave drinks	☐ save drinks	☐ serve drinks
h)	☐ sparkling water	☐ staring water	☐ starving water

69 ★★★

Wie heißen die richtigen Antworten aus Übung 68 auf Deutsch? Der erste Buchstabe ist jeweils vorgegeben.

a) *B* ______________________

b) *K* ______________________

c) *T* ______________________

d) *z* ______________________ *E* ______________________

e) *F* ______________________

f) *E* ______________________

g) *G* ______________________ *a* ______________________

h) *W* ______________________ *mit* *K* ______________________

Freunde, Klubs und Cliquen

70 ★

Für **Freunde** gibt es mehrere Bezeichnungen. Im Kasten stehen die Begriffe mit vertauschten Buchstaben.

dreifn • frigienrld • atem • seocl firned • nepfrenid • obdyrifen

a) *Freund(in)* ____________

b) *Kumpel* ____________

c) *Brieffreund(in)* ____________

d) *(feste) Freundin* ____________

e) *(fester) Freund* ____________

f) *enge/enger Freund(in)* ____________ ____________

71 ★

Hier fehlt der erste Buchstabe. Setzen Sie ihn ein.

t • c • c • k • b • s • m

a) Mike and I, we have interests in ___ommon.

b) Doreen didn't even ___ay goodbye.

c) Don't worry. It doesn't ___atter.

d) Why don't you join a ___lub?

e) Do you ___now Mrs Albright?

f) This is Martin. He's my ___est friend.

g) I don't want to go alone. Can't we go ___ogether?

72 ★★

Nur **ein** Ausdruck in der Reihe hat etwas mit dem Treffen von **Freunden** zu tun. Kreuzen Sie an.

a)	☐ A meat	☐ B meet	☐ C mean
b)	☐ A hang around	☐ B hang up	☐ C hang down
c)	☐ A hug	☐ B hurt	☐ C hunt
d)	☐ A strange a date	☐ B orange a date	☐ C arrange a date
e)	☐ A shake hands	☐ B shake heads	☐ C shake herbs
f)	☐ A cut a date	☐ B catch a date	☐ C cancel a date

73 ★★

Wie häufig trifft man sich? Schreiben Sie die fünf waagerecht versteckten Wörter neben die passenden deutschen Bedeutungen.

A	S	H	U	S	U	A	L	L	Y	E	W
Z	E	N	T	L	U	O	F	T	E	N	T
P	R	E	S	N	E	V	E	R	N	E	W
W	A	L	W	A	Y	S	E	A	V	A	S
K	I	S	O	M	E	T	I	M	E	S	T

a) *oft* ____________ **b)** *manchmal* ____________

c) *nie* ____________ **d)** *normalerweise* ____________

e) *immer* ____________

§

Im englischen Satz stehen diese fünf Wörter – auch Häufigkeitsadverbien genannt – zwischen Subjekt und Prädikat:
Lilian always hangs around with this Italian guy. – *Lilian hängt immer mit diesem Italiener herum.*

Hobby und Spiel

74 ★

Setzen Sie passende Begriffe aus dem Kasten ein, um über **Hobbys** zu sprechen.

playing • listening • swimming • taking • drawing • watching • travelling

a) ____________ cards with friends is wonderful.

b) ____________ photos is my favourite activity.

c) ____________ around Australia is a lot of fun.

d) ____________ comics is my hobby.

e) ____________ in the sea is great.

f) ____________ TV on Sunday evening is a must.

g) ____________ to classic music is so relaxing.

75 ★

Setzen Sie das fehlende Wort in die Fragen und Aussagen über **Hobbys** ein.

crosswords • any hobbies • in darts • choir • the piano • collect • painting

a) Haben Sie irgendwelche Hobbys? *Do you have ____________ ?*

b) Ich interessiere mich für Darts. *I'm interested ____________ .*

c) Ich spiele gerne Klavier. *I like to play ____________ .*

d) Du kannst Münzen sammeln. *You can ____________ coins.*

e) Ich singe in einem Chor. *I sing in a ____________ .*

f) Mein Hobby ist Malen. *My hobby is ____________ .*

g) Mein Vater liebt Kreuzworträtsel. *My dad loves ____________ .*

76 ★★

Diese Wörter und Aufforderungen können in einem **Spiel** vorkommen. Verbinden Sie richtig.

a) Throw the dice.	___	**A** Nenne drei Tiere.
b) Go on one square.	___	**B** Würfele noch einmal.
c) Miss a turn.	___	**C** Finde ein gleichbedeutendes Wort.
d) Go back two squares.	___	**D** Beantworte die Frage.
e) Name three animals.	___	**E** Setze eine Runde aus.
f) What's the opposite?	___	**F** Gehe ein Feld weiter.
g) Find a synonym.	___	**G** Würfele.
h) Throw the dice again.	___	**H** Du bist an der Reihe.
i) Answer the question.	___	**I** Gehe zwei Felder zurück.
j) It's your turn.	___	**J** Nenne das Gegenteil.

77 ★★★

Wie heißen diese **Spiele**? Ordnen Sie die mit vermischten Buchstaben aufgeführten Wörter richtig zu.

doul ▪ sesch ▪ rebblacs ▪ giwsja zupzel ▪ murmy

a) *Schach* ______________________

b) *Scrabble* ______________________

c) *Mensch ärgere dich nicht* ______________________

d) *Puzzle* ______________________

e) *Rommé* ______________________

Sport und Fitness

78 ★

Diese **Sportarten** betreibt man mit einem Ball oder einer Kugel. Wie heißen sie?

a) *Fußball* ____________________

b) *Tennis* ____________________

c) *Golf* ____________________

d) *Tischtennis* ____________________ ____________________

e) *Cricket* ____________________

Cricket ist eine typisch britische Mannschaftssportart, die im weitesten Sinn mit Baseball verwandt ist. Hierbei spielen der **bowler** (*Werfer*) und der **batsman** (*Schlagmann*) eine entscheidende Rolle.

79 ★★

Welche **Sportarten** sind hier abgebildet? Der erste Buchstabe hilft Ihnen.

a) nordig walking

b) rock climbing

c) dancing

d) swimming

e) riding

f) sking

80

★★

Im Wortgitter sind zehn Wörter versteckt, die mit **Fußball** zu tun haben.

D	A	C	L	U	B	B	U	G	O	A	L
E	N	V	I	C	O	A	C	H	I	S	T
C	H	A	L	F	T	I	M	E	A	W	E
P	R	O	U	R	E	F	E	R	E	E	T
M	A	T	C	H	E	N	T	E	A	M	P
N	E	G	O	A	L	K	E	E	P	E	R
T	R	I	S	T	R	I	K	E	R	O	N
N	O	L	K	L	I	N	E	S	M	A	N

a) *Schiedsrichter* referee

b) *Verein* club

c) *Tor* Goal

d) *Stürmer* striker

e) *Torwart* Goalkeeper

f) *Mannschaft* Team

g) *(Fußball)spiel* Match

h) *Trainer* coach

i) *Linienrichter* linesman

j) *Halbzeit* Halftime

Der älteste offizielle Fußballverein der Welt (FC Sheffield, 1857), der älteste Fußballwettkampf der Welt (FA Cup, seit 1871) und die erste Fußballliga überhaupt (1888) stammen aus England. England wird als Mutterland des Fußballs bezeichnet.

81

★★

Welches Wort passt? Setzen Sie richtig ein.

activity ▪ jump ▪ rules ▪ rest ▪ competition

a) Don't use your hands. That's against the ______________.

b) After a long walk I need a ______________.

c) What's your favourite weekend ______________?

d) How high did you ______________ in your last training session?

e) I'm sure you'll win in the next ______________.

82 ★★

Wie heißt das Gegenteil?

a) fast *and* ____________

b) throw *and* ____________

c) ____________ *and* finish

d) win *and* ____________

e) ____________ *and* low

83 ★★

Setzen Sie zwölf Wörter ein und Sie erhalten das Lösungswort für m).

m)

a) S P O N S O R

b) L A P

c) B O W L

d) P R I Z E

e) R E S T

f) P R A C T I S E

g) R A C E

h) M O V E

i) W I N N E R

j) B A D M I N T O N

k) E U N

l) M R D A L

~~a) Geldgeber(in)~~

~~b) Runde~~

~~c) kegeln~~

~~d) Preis, Gewinn~~

~~e) sich ausruhen~~

~~f) üben, trainieren~~

~~g) Wettlauf, Rennen~~

~~h) (sich) bewegen~~

~~i) Gewinner(in)~~

~~j) Federballspiel~~

~~k) laufen~~

~~l) Medaille~~

Lösungswort:

~~m) Sportzentrum~~

Musik

84 ★★

Zwei von den sechs **Musikrichtungen** weichen im Englischen deutlicher vom Deutschen ab als die anderen. Welche? Schreiben Sie sie auf.

Popmusik ▪ klassische Musik ▪ Countrymusik ▪ Soulmusik ▪ Rockmusik ▪ Volksmusik

a) ______________________ music **b)** ______________________ music

Bezeichnungen für Musikrichtungen werden auch ohne das Wort **music** gebraucht: **hip hop, heavy metal, techno** etc. Wenn Sie das Wort **music** mit nennen, steht es als zweites Wort hinter der Musikrichtung, z.B. **pop music** etc. Im Deutschen wird es ein zusammengesetztes Nomen: *Popmusik*.

85 ★★

Wählen Sie ein Wort für jeden Satz. Ein Wort bleibt übrig.

musical ▪ voice ▪ song ▪ sound ▪ rhythm ▪ notes ▪ loud ▪ musician ▪ concert

a) Richard plays in a brass band. He's a ______________ *(Musiker)*.

b) There are two ______________ *(Konzerte)* in the Music Hall next week.

c) Please turn down the music. It's too ______________ *(laut)*.

d) I love the ______________ *(Klang)* of a piano.

e) Listen to Maria Caria. She has such a beautiful ______________ *(Stimme)*.

f) Justin Lee's latest ______________ *(Lied)* is the best I've ever heard.

g) Drummers can feel the ______________ *(Rhythmus)*.

h) Lara didn't reach the higher ______________ *(Töne)*.

86 ★★

Ordnen Sie die **Musikinstrumente** aus der Wortschlange richtig zu.

recordertrumpetpianoguitardrumssaxophonetromboneorgan

a) *Schlagzeug* ____________ **b)** *Gitarre* ____________

c) *Klavier* ____________ **d)** *Saxofon* ____________

e) *Trompete* ____________ **f)** *Blockflöte* ____________

g) *Orgel* ____________ **h)** *Posaune* ____________

Im Englischen muss beim Spielen von Instrumenten der bestimmte Artikel stehen:
play the guitar/the drums – *Gitarre/Schlagzeug spielen*

87 ★★

Bringen Sie den Satz oder die Frage in die richtige Reihenfolge.

a) *Du kannst wirklich gut singen.*

well | you | sing | really | can | . ____________________________

b) *Geigen sind Streichinstrumente, nicht wahr?*

string | violins | instruments | are | , | they | aren't | ? ____________________________

____

c) *Welche Musik mag deine Frau gerne?*

music | like | what | kind | your | of | wife | does | ? ____________________________

____

d) *Wie wär's, wenn du einem Chor beitreten würdest?*

about | a | choir | what | joining | ? ____________________________

____

88

★★★

Entscheiden Sie sich für den richtigen Ausdruck.

a) An octave is composed of ☐ A tones. ☐ B notes.

b) Turn down the ☐ A loudness. ☐ B volume, please.

c) How much are ☐ A singing classes? ☐ B song lessons?

d) Pianos have to be ☐ A tuned. ☐ B toned.

e) Nick's guitar needs new ☐ A strings. ☐ B sides.

f) Chopin is a famous ☐ A compound. ☐ B composer.

g) Babies love ☐ A lullabies. ☐ B lolly songs.

h) Do you know any ☐ A nurse songs? ☐ B nursery rhymes?

89

★★★

Ordnen Sie die Wörter aus der klassischen **Musik** richtig zu.

a) orchestra	___	A Klarinette
b) conductor	___	B Konzertflügel
c) baton	___	C Cello
d) violinist	___	D Kontrabass
e) bow	___	E Taktstock
f) cello	___	F Orchester
g) clarinet	___	G Geiger/in
h) double bass	___	H Dirigent
i) grand piano	___	I Geigenbogen

Konzerte und Feste

90 ★★

Finden Sie in jeder Reihe einen Ausdruck, der mit **Konzerten** zu tun hat und übersetzen Sie diesen anschließend.

a)	☐ A ticket	☐ B ticking	☐ C ticker
b)	☐ A cowling	☐ B crown	☐ C crowd
c)	☐ A perforation	☐ B performance	☐ C perfume
d)	☐ A stage	☐ B step	☐ C stop
e)	☐ A life	☐ B live	☐ C alive
f)	☐ A apply	☐ B applause	☐ C plausible
g)	☐ A take place	☐ B take apart	☐ C take off
h)	☐ A slap	☐ B clutch	☐ C clap

Wie heißen die richtigen Lösungswörter auf Deutsch?

a) ____________________ **b)** ____________________

c) ____________________ **d)** ____________________

e) ____________________ **f)** ____________________

g) ____________________ **h)** ____________________

!

Unterscheiden Sie!

live – *leben; live*	**I live in Berlin.; The concert is live!**
life – *Leben*	**My life is exciting.**
alive – *lebendig, lebend*	**They found her alive.**

Der Körper

91 ★

Nennen Sie die folgenden **Körperteile**.

a) *Kopf* h________ b) *Arm* a________

c) *Hand* h________ d) *Schulter* s________

e) *Rücken* b________ f) *Bein* l________

g) *Knie* k________ h) *Fuß* f________

!

Man unterscheidet *Nacken und äußeren Hals* - **neck** vom *Hals innen* - **throat**.

Der *Hals-Nasen-Ohren Arzt* ist ein **ear, nose and throat specialist**.
Einen Schal legt man *um den (äußeren) Hals* - **round the neck**.
Eine *Kette* heißt **necklace**.

92 ★

Hier geht es um die fünf **Sinne**. Wie heißen die damit verbundenen Teile des **Körpers**? Sie stehen mit vertauschten Buchstaben hinter der Linie.

a) You can see with your ____________ (yese).

b) You can hear with your ____________ (rase).

c) You can taste with your ____________ (thomu).

d) You can smell with your ____________ (eson).

e) You can feel or touch with your ____________ (nashd).

!

Sprechen Sie von der Fähigkeit des Hörens oder Sehens, benutzen Sie **hear** - *hören* und **see** - *sehen*.
Can you hear or see me? - *Kannst du mich hören oder sehen?*

Sprechen Sie von *zuhören/anhören*, benutzen Sie **listen to**, *anschauen* heißt **look.**
Listen to this song. - *Hör dir dieses Lied an.*; **Look at this!** - *Schau dir das an!*

93 ★★

Im Wortgitter finden Sie waagerecht Teile des menschlichen **Körpers**. Schreiben Sie sie neben die entsprechende deutsche Bedeutung.

D	E	L	I	V	E	R	E	N	D	L	E
P	L	O	U	S	T	O	M	A	C	H	G
N	E	W	E	L	L	U	N	G	H	T	E
L	I	K	I	D	N	E	Y	O	R	K	O
S	K	I	N	G	W	E	N	D	O	L	Y
A	W	E	B	R	A	I	N	I	S	T	E
F	I	N	C	H	E	W	B	L	O	O	D
S	C	H	E	A	R	T	Z	O	N	O	L

a) *Lunge* ______________ b) *Leber* ______________

c) *Herz* ______________ d) *Magen* ______________

e) *Niere* ______________ f) *Haut* ______________

g) *Blut* ______________ h) *Gehirn* ______________

Kidney beans – *Rote Bohnen*, auch *Kidneybohnen*, haben ihren Namen von der Form des Organs *Niere* – **kidney**.

94 ★★

Verbinden Sie die folgenden kleinen **körperlichen Aktivitäten** richtig.

a) tiptoe ___ A lächeln

b) wink ___ B weinen

c) nod ___ C auf Zehenspitzen gehen

d) breathe ___ D die Stirn runzeln

e) smile ___ E zwinkern

f) cry ___ F nicken

g) frown ___ G atmen

95 ★★

Hier geht es um die **Pflege des Körpers**. Wählen Sie das richtige Satzende.

a) Your hair is still wet, you should ...

☐ **A** heat it.

☐ **B** blow-dry it.

b) Look at Louisa's fingers! I like her ...

☐ **A** nail polish.

☐ **B** finger paint.

c) My skin is very dry. I need ...

☐ **A** some clotted cream.

☐ **B** a moisturizer.

d) A lot of men could grow a beard, but they...

☐ **A** shave in the morning.

☐ **B** snore in the morning.

e) Sarah, you look great! Did you ...

☐ **A** dye your hair?

☐ **B** paint your hair?

f) Sun can damage your skin, so you should use a ...

☐ **A** suntan lotion

☐ **B** sundae

Gesundheit

96 ★★

In der Wortschlange sind Wörter zum Thema **Gesundheit** versteckt. Schreiben Sie sie neben die entsprechenden deutschen Begriffe.

napwalkvitaminsbreakdietphysiotherapyholidaysrelaxationsportsexercise

a) *Spaziergang* ____________ **b)** *Diät* ____________

c) *Entspannung* ____________ **d)** *Sport* ____________

e) *Bewegung* ____________ **f)** *Pause* ____________

g) *Krankengymnastik* ____________ **h)** *Urlaub* ____________

i) *Mittagsschlaf* ____________ **j)** *Vitamine* ____________

97 ★★

Diese Aktivitäten sind nicht gut für die **Gesundheit**. Setzen Sie das richtige Verb aus dem Kasten ein.

worry ▪ eat ▪ sleep ▪ smoke ▪ drink ▪ take ▪ get ▪ work

a) ____________ drugs

b) ____________ too much alcohol

c) ____________ drunk

d) ____________ cigarettes

e) ____________ less than five hours a night

f) ____________ overtime

g) ____________ fatty foods

h) ____________ about things

98 ★★

Setzen Sie sechs Wörter ein und Sie erhalten die Lösung für g).

a) *Kräuter*
b) *Ruhe*
c) *Alter*
d) *Kalorien*
e) *Wasser*
f) *Gewicht*
g) *Gesundheit*

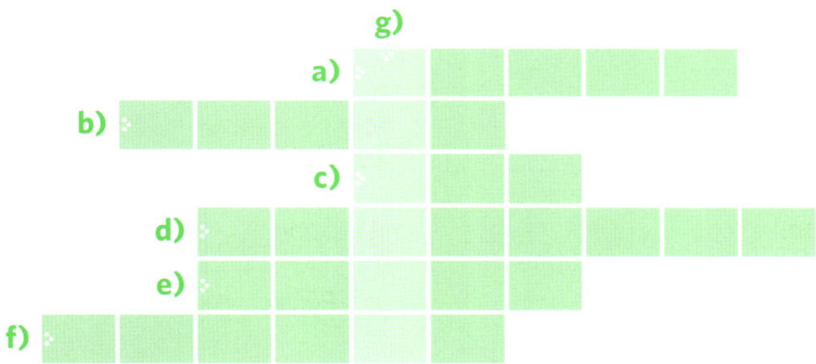

99 ★★

Verbinden Sie passende Gegensätze.

a) natural	___ A often
b) more	___ B start
c) allow	___ C light
d) seldom	___ D artificial
e) heavy	___ E worse
f) compliment	___ F forbid
g) give up	___ G less
h) better	___ H refuse
i) thin	___ I put on
j) lose	___ J insult
k) agree	___ K fat

Krankheit

100 ★★

Schreiben Sie häufige **Krankheiten** und kleine **Verletzungen** aus der Wortschlange neben die deutschen Begriffe.

infectionbruiseheadachescratchdizzinesscough

a) *Husten* ______________________
b) *blauer Fleck* ______________________
c) *Kopfschmerzen* ______________________
d) *Schramme* ______________________
e) *Schwindel* ______________________
f) *Entzündung* ______________________

I've got the flu sagt man, wenn man die *Grippe* hat. Das Wort **flu** kommt von Influenzavirus, dem Erreger für einen grippalen Infekt.
I've got a cold sagt man, wenn man eine *Erkältung* oder einen *Schnupfen* hat.

101 ★★

Wie heißen die abgebildeten **Krankheiten**? Die gesuchten Begriffe finden Sie mit vertauschten Buchstaben unter jedem Bild.

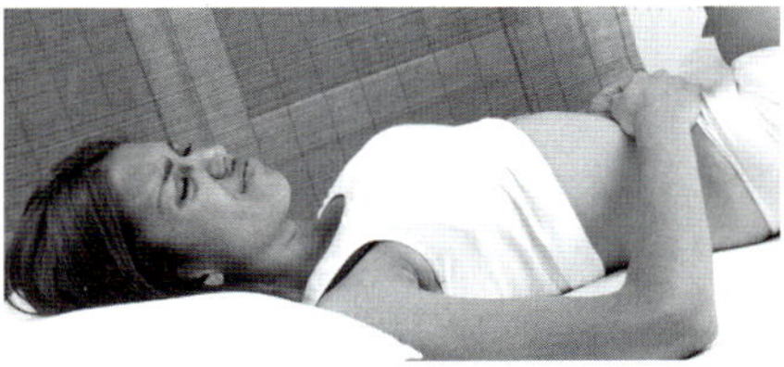

a) tesup ostmach

____

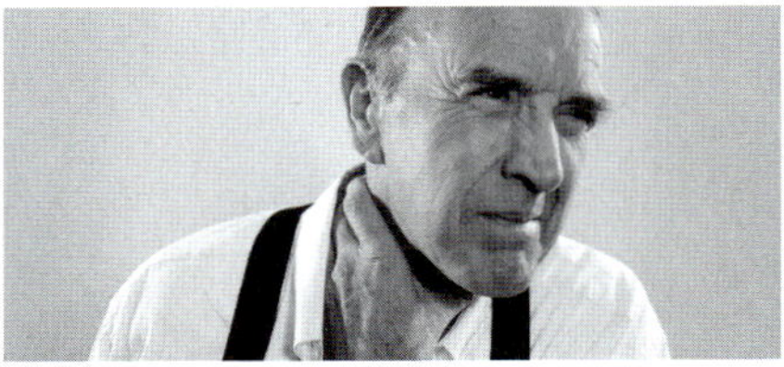

b) reso troath

____

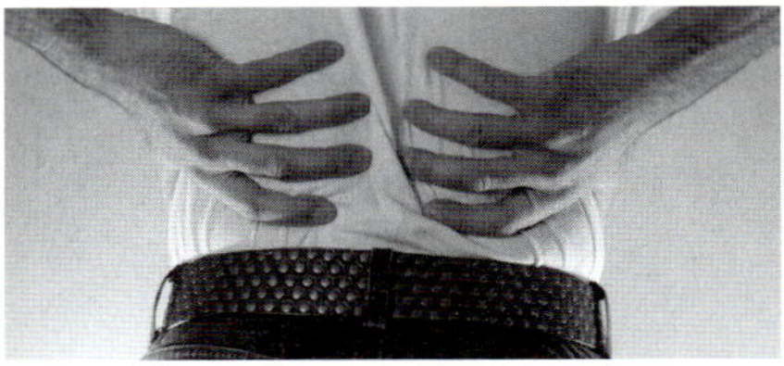

c) chabecka

____

d) thotochea

____

Beim Arzt

102 ★

Was kann ein **Arzt** bei folgenden **Beschwerden** empfehlen? Verbinden Sie sinnvoll.

a) I have a terrible headache. ___ **A** I'll put a plaster on it.

b) I'm really exhausted. ___ **B** You have to take antibiotics.

c) I have an ear infection. ___ **C** You could take a painkiller.

d) I've cut my finger! ___ **D** You should get more sleep.

103 ★★

Welche Bedeutung haben folgende **Arztaussagen**. Kreuzen Sie an.

a) I'll give you a prescription.

☐ **A** *Ich gebe Ihnen eine Spritze.*

☐ **B** *Ich gebe Ihnen ein Rezept.*

b) Take two tablets, twice a day, after meals.

☐ **A** *Nehmen Sie zweimal am Tag zwei Tabletten, nach dem Essen.*

☐ **B** *Nehmen Sie alle zwei Tage zwei Tabletten, nach dem Essen.*

c) Your condition is serious.

☐ **A** *Ihre Kondition ist großartig.*

☐ **B** *Ihr Zustand ist ernst.*

d) Please make a new appointment at the reception.

☐ **A** *Bitte machen Sie einen neuen Termin am Empfang aus.*

☐ **B** *Bitte machen Sie eine neue Kur auf Rezept.*

104 ★★

Der **Arzt** stellt eine **Diagnose**. Wie lautet das Ergebnis? Verbinden Sie.

a) Tim is **mentally ill**.	___	A *zuckerkrank*
b) Mrs Garner is **critically ill.**	___	B *unheilbar krank*
c) Your sister is **seasick**.	___	C *macht krank*
d) Julia is **terminally ill.**	___	D *ansteckend*
e) Your grandma is **diabetic**.	___	E *seekrank*
f) Chicken pox are **contagious**.	___	F *psychisch krank*
g) Too much stress **is sickening**.	___	G *schwerkrank*

105 ★★

Beim **Arztbesuch** können diese Wörter hilfreich sein. Finden Sie die entsprechenden Begriffe im Wortgitter waagerecht und ordnen Sie sie zu.

C	U	B	A	N	D	A	G	E	W
P	I	N	J	E	C	T	I	O	N
A	I	N	S	W	O	U	N	D	O
T	R	E	A	T	E	P	A	I	N
S	P	L	A	S	T	E	R	I	N
P	I	L	L	O	H	U	R	T	D
I	S	W	O	L	L	E	N	O	W
T	A	R	I	S	E	S	O	R	E

a) *Wunde*	wound	b) *Pflaster*	Plaster
c) *behandeln*	treat	d) *weh tun*	______
e) *Tablette*	Pill	f) *Schmerz*	Pain
g) *wund*	Sore	h) *Spritze*	______
i) *Verband*	Bandage	j) *geschwollen*	______

Unfall und Verletzung

106 ★

Was kann passieren? Vervollständigen Sie die Sätze mit den Ausdrücken aus dem Kasten.

~~your arm~~ ▪ a car crash ▪ deep water ▪ by a car ▪ in the heat ▪ the stairs ▪ accident ▪ shock ▪ burnt

a) You can break your arm
b) You can be hit ______
c) You can fall down ______
d) You can suffer from ______
e) Your skin can be ______
f) You can survive ______
g) You can die in an ______
h) You can drown in ______
i) You can faint ______

107 ★★

Bringen Sie die Wörter in die richtige Reihenfolge, so dass ein Satz entsteht, den Sie bei einem **Unfall** sagen oder hören könnten.

a) is | bleeding | wound | my ______
b) will | heal | it ______
c) lot | it | a | hurts | really ______
d) need | medicine | I | some ______
e) I'm | well | feeling | not ______

108 ★★

Tragen Sie die Wörter für a) - i) ein und Sie erhalten die Lösung für j).

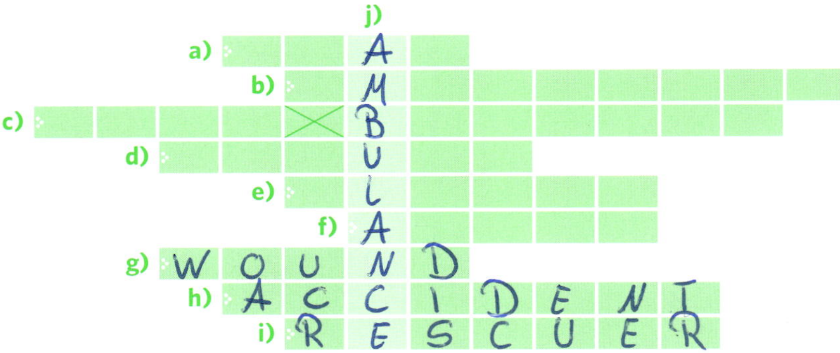

a) *(Nummer) wählen*
b) *Notfall*
c) *Feuerwehr (BE)*
d) *Verletzung*
e) *Flammen*
f) *lebendig*
~~**g)** *Wunde*~~
~~**h)** *Unfall*~~
~~**i)** *Retter(in)*~~
~~**j)** **Lösungswort:** *Krankenwagen*~~

Die 112 als Notrufnummer gilt mittlerweile in ganz Europa. In Großbritannien erkennt ein automatisches Telefonauskunftsystem sogar die Muttersprache des Anrufers und leitet ihn an einen Muttersprachler weiter. 20 Sprachen sind bereits im Angebot. Allerdings wählen Briten im Notfall nach wie vor die herkömmliche Notrufnummer 999. In den USA wählt man im Notfall die 911.

109 ★★

Zu folgenden Nomen gibt es ein Verb aus derselben Wortfamilie. Nennen und übersetzen Sie es.

scream	*scream*	– *schreien*
reaction	______	– ______
blood	______	– ______
survival	______	– ______
feeling	______	– ______

110 ★★

Bei Unfällen mit **tödlichen Verletzungen** können folgende Wörter hilfreich sein. Ordnen Sie die Wörter aus der Wortschlange richtig zu.

coffinburialvictimcorpsehearseundertakerburycremationgravecemetery

a) *Opfer* ________________ **b)** *Leichenwagen* ________________

c) *Leiche* ________________ **d)** *Leichenbestatter* ________________

e) *Sarg* ________________ **f)** *begraben* ________________

g) *Friedhof* ________________ **h)** *Beerdigung* ________________

i) *Grab* ________________ **j)** *Einäscherung* ________________

111 ★★★

Sie berichten von einem **Unfall**. Setzen Sie das richtige Verb in der Vergangenheit ein.

a) A man got out of his car and ______________ *(schrie)* at the driver behind him.

b) Only two people ______________ *(überlebten)* the plane crash.

c) Dad ______________ *(fiel)* off the tree while he was picking cherries.

d) I ______________ *(schnitt)* my finger yesterday and I needed stitches.

e) A 42-year-old man ______________ *(starb)* while jogging in the park.

f) Nina ______________ *(brach)* her wrist, so she can't write at the moment.

g) Two little boys ______________ *(ertranken)* in the lake last week.

§

Wenn Sie über etwas Vergangenes berichten, benutzen Sie im Englischen **simple past**. Bei regelmäßigen Verben wird ein **-ed** ans Verb gehängt: **work – worked**.

Es gibt aber auch viele unregelmäßige Verben, deren Formen man lernen muss, z. B.: **go – went**

Im Krankenhaus

112 ★

Im **Krankenhaus** arbeiten viele Menschen. Wie heißen die Berufe?

a) Arzt, Ärztin	d	A nurse
b) Notarzt, Notärztin	f	B physiotherapist
c) Chefarzt, Chefärztin	g	C cook
d) Krankenschwester	h	D cleaner
e) Nachtschwester	b	E doctor on call
f) Krankengymnast(in)	a	F doctor
g) Koch, Köchin	e	G night nurse
h) Reinigungskraft	c	H chief physician

113 ★★

Folgendes kann man Sie im **Krankenhaus** fragen. Welche deutsche Bedeutung haben die fett gedruckten Wörter?

a) With whom do you have **health insurance**? ______

b) What's your **blood group**? ______

c) Are you allergic to any **drugs**? Medikamenten

d) Do you **smoke**? Rauchen

e) Would you **prefer** vegetarian meals? vorziehen, bevorzugen

f) Do you need a **painkiller**? Schmerzmittel

g) Would you like a **sleeping pill**? Schlaftablette

h) When is your next **treatment**? Behandlung

114 ★★

Im **Krankenhaus** können folgende Äußerungen gemacht werden. Was bedeuten sie?

a) The first examination will take half an hour.

☐ **A** *Das ärztliche Vorgespräch dauert eine halbe Stunde.*

☐ **B** *Die erste Untersuchung dauert eine halbe Stunde.*

b) We need x-rays of your shoulder.

☐ **A** *Wir benötigen Röntgenaufnahmen von Ihrer Schulter.*

☐ **B** *Wir brauchen einen Gipsverband, um Ihre Schulter zu stützen.*

c) Your health will improve quickly.

☐ **A** *Ihr Gesundheitszustand wird sich schnell verbessern.*

☐ **B** *Ihre Gesundheit wird sich zunehmend verschlechtern.*

d) If your suffer pain at night, press the emergency button.

☐ **A** *Wenn Sie nachts Panik bekommen, wählen Sie die Notrufnummer.*

☐ **B** *Wenn Sie in der Nacht Schmerzen haben, drücken Sie den Alarmknopf.*

e) I can tell you more details after a thorough examination.

☐ **A** *Ich kann Ihnen nach einer gründlichen Untersuchung mehr sagen.*

☐ **B** *Ich kann Ihnen Genaueres nach der Ultraschalluntersuchung sagen.*

f) You'll have to undergo some tests.

☐ **A** *Sie müssen ein paar Tests machen.*

☐ **B** *Sie müssen keine Tests durchführen.*

115 ★★★

Lösen Sie das Kreuzworträtsel und Sie erhalten ein Wort unter n), das für den **Gesundheitszustand** des Menschen mit verantwortlich ist. Schreiben Sie es auf und übersetzen Sie es.

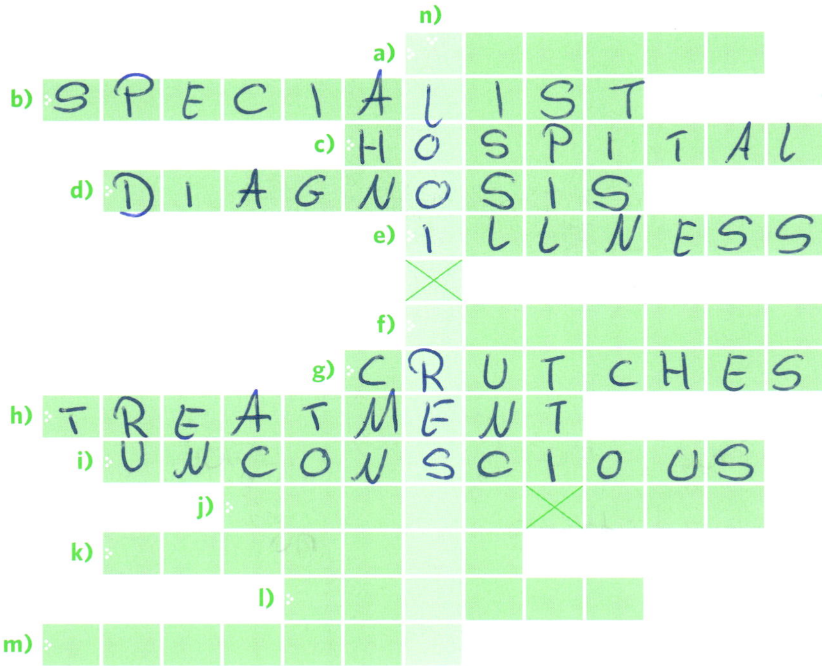

a) gebrochen
~~b) Facharzt, Fachärztin~~
~~c) Krankenhaus~~ ✓
~~d) Diagnose~~ ✓
~~e) Krankheit~~ ✓
f) Patient, Patientin
~~g) Krücken~~ ✓
~~h) Behandlung~~
~~i) bewusstlos~~
j) Erste Hilfe
k) ernsthaft
l) sich ausbreiten
m) (Wunde) verbinden

Lösungswort:

Deutsch: ______________________

Schule und Studium

116 ★ Setzen Sie die folgenden Begriffe unter das richtige Bild.

scissors ▪ biro ▪ paper ▪ pen ▪ folder ▪ ruler

a) Pen

b) folder

c) Paper

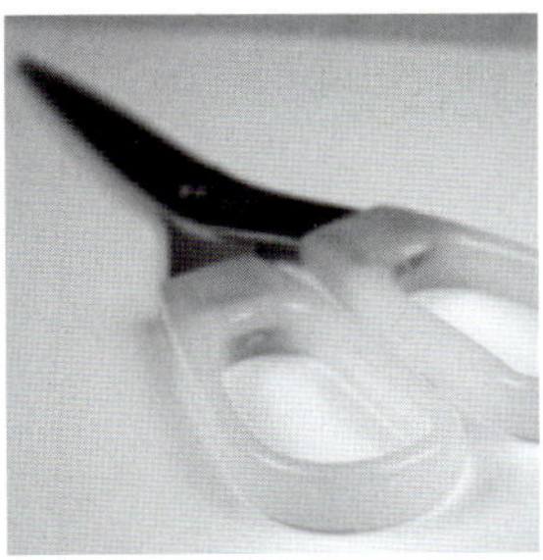

d) scissors

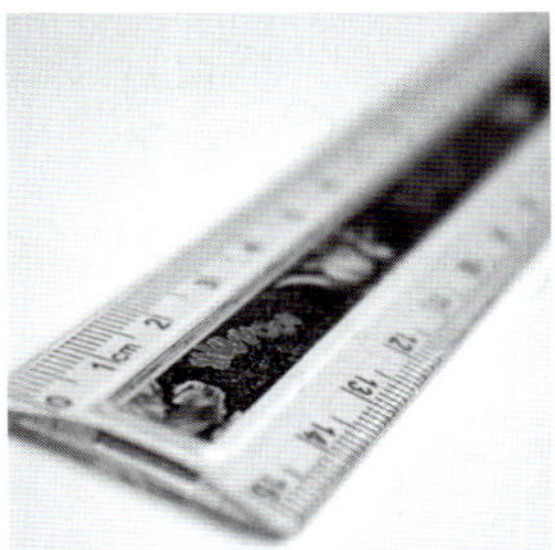

e) ruler

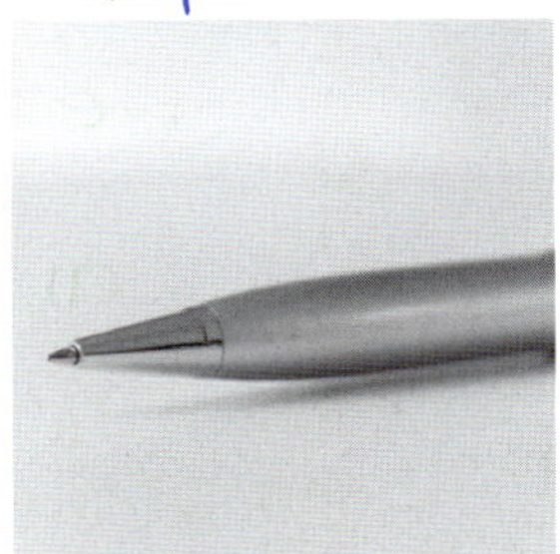

f) biro

117 ★ Wie nennt man die Personen, die in einer **Schule** anzutreffen sind?

a) teacher (eachret)

b) ______ (uiplp)

c) ______ (reacatkre)

d) ______ (rotut)

e) ______ (deaeathchre)

118 ★

Übertragen Sie den **Stundenplan** ins Deutsche.

Monday	**Tuesday**	**Wednesday**	**Thursday**	**Friday**
English	geography	computer science	history	art
maths	German	music	physics	art
chemistry	biology	French	PE	technology
Russian	RE	Spanish	PE	Italian

Montag	*Dienstag*	*Mittwoch*	*Donnerstag*	*Freitag*
Englisch	Erdkunde	Informa-tik	Geschichte	Kunst
Mathe	Deutsch	Musik	Physik	Kunst
chemie	Biologie	Französ-isch	Sport	Werken
Russisch	Religion	Spanisch	Sport	Italinisch

Sportunterricht – **physical education** wird mit **PE** abgekürzt.

Religionsunterricht – **religious education** wird mit **RE** abgekürzt.

119 ★

Verbinden Sie Personen in der **Schule** mit ihren typischen Aktivitäten.

a) The English teacher ___ **A** learn about British culture.

b) Pupils ___ **B** organizes all the lessons.

c) The caretaker ___ **C** teaches English grammar.

d) The headmaster ___ **D** looks after the classrooms.

120 ★★

Ordnen Sie die britischen **Schularten und Schulformen** zu.

~~public school~~ ▪ ~~boarding school~~ ▪ ~~grammar school~~ ▪ ~~comprehensive school~~ ▪ ~~primary school~~ ▪ ~~state school~~ ▪ ~~secondary school~~

a) *Grundschule* Primary school

b) *weiterführende Schule* Secondary school

c) *Gesamtschule* comprehensive school

d) *Gymnasium* grammar school

e) *Internat* boarding school

f) *öffentliche Schule* public school

g) *Privatschule* state school

!

In den USA gelten zum Teil andere Schulbezeichnungen als in Großbritannien:

elementary school – *Grundschule*, **middle school, junior high** – *weiterführende Schule*, **high school** – *Gesamtschule*, **public school** – *öffentliche Schule*, **private school** – *private Schule*

121 ★★

Bilden Sie aus den vermischten Wörtern einen Satz, den man im **Klassenzimmer** hören oder sagen könnte.

a) your | open | exercise books | page 10 | please | on

b) left | classroom | I | my | in | pencil case | the

c) need | you | pencil | rubber | and | for | a | a | this | task | will

122 ★★

Setzen Sie die Begriffe aus dem britischen **Schulleben** ein und Sie erhalten das Lösungswort für n).

a) *Ausflug*
b) *Klasse*
c) *Dose für belegte Brote*
d) *Unterrichtstunde*
e) *Hausaufgabe(n)*
f) *Alphabet*
g) *Schulhof*
h) *Nachsitzen*
i) *Ferien*
j) *weiblich*
k) *Ärger*
l) *Pause*
m) *männlich*

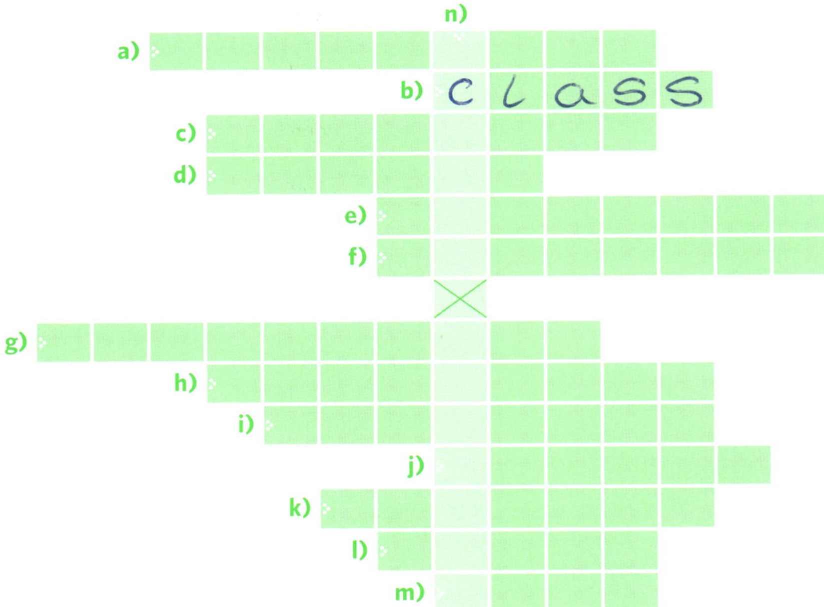

Lösungswort n): ______________________

123 ★★

Vervollständigen Sie die Aufforderungen. Der erste Buchstabe hilft Ihnen dabei.

a) *Buchstabieren Sie Ihren Namen.* S__________ your name, please.

b) *Arbeiten Sie mit einem Partner.* work__________ with a partner.

c) *Korrigieren Sie Ihre Sätze.* C__________ your sentences.

d) *Lernen Sie das Gedicht auswendig.* Learn__________ the poem by heart.

124 ★★

Schreiben Sie Gegensatzpaare auf.

~~right~~ · forget · guess · ~~finish~~ · difficult · ~~false~~ · ~~wrong~~ · ~~true~~ · easy · know · remember · ~~start~~

a) right *and* wrong

b) true *and* false

c) start *and* finish

d) ______ *and* ______

e) ______ *and* ______

f) ______ *and* ______

125 ★★

Finden Sie im Wortgitter zehn Verben aus dem **Schulalltag** und ordnen Sie sie den deutschen Bedeutungen zu.

A	S	T	U	D	Y	T	O	R	N
P	R	I	E	W	R	I	T	E	W
U	N	D	E	R	S	T	A	N	D
C	R	E	A	D	H	C	O	P	Y
H	E	L	E	X	P	L	A	I	N
S	P	E	A	K	E	N	T	E	N
G	U	T	H	I	N	K	S	T	H
C	O	U	N	T	H	W	O	R	K

a) *lesen* ______

b) *schreiben* ______

c) *arbeiten* work

d) *kopieren* ______

e) *lernen* ______

f) *denken* ______

g) *sprechen* ______

h) *erklären* ______

i) *zählen* ______

j) *verstehen* ______

126 ★★

Entscheiden Sie sich für das richtige Satzende.

a) Another word for easy is ...

☐ **A** difficult.

☐ **B** simple.

b) Before you do an exercise you must read the ...

☐ **A** instructions.

☐ **B** working condition.

c) A person who starts learning new things is a ...

☐ **A** starter.

☐ **B** beginner.

d) You don't understand the French texts, so you need a ...

☐ **A** transcription.

☐ **B** translation.

e) You can remember things easily. You have a good ...

☐ **A** memory.

☐ **B** mind.

f) Each word that is written wrong is a ...

☐ **A** misunderstanding.

☐ **B** mistake.

Zum Thema Lernen und Wissen gibt es schöne Sprichwörter, z. B.:
Knowledge is power. – *Wissen ist Macht.*
Business before pleasure. – *Erst die Arbeit, dann das Vergnügen.*

127 ★★

Ordnen Sie die Begriffe zum Thema **Prüfung** aus der Wortschlange richtig zu.

passoralcheatpointsexamresultmarkwrittenlevelcertificateexcellentfail

a) *Prüfung* ____________________ **b)** *mogeln* ____________________

c) *Niveau* ____________________ **d)** *Note* ____________________

e) *schriftlich* ____________________ **f)** *mündlich* ____________________

g) *Ergebnis* ____________________ **h)** *ausgezeichnet* ____________________

i) *bestehen* ____________________ **j)** *durchfallen* ____________________

k) *Zeugnis* ____________________ **l)** *Punkte* ____________________

128 ★★★

Setzen Sie die passenden Wörter zum Thema **Studium** ein. Die Wörter finden Sie mit vertauschten Buchstaben im Kasten.

tureslec • orpforess • llha of siredecen • grateddua • sdytu • veruitynis • arylibr • deuntsst

a) What do you want to ____________________ ?

b) Our daughter wants to go to ____________________ .

c) A lot of ____________________ are looking for a flat.

d) Some rent rooms in the ____________________ *(BE)*.

e) My English ____________________ is from Brighton.

f) I prefer to work in the ____________________ .

g) Some ____________________ are really boring.

h) My brother ____________________ in 2012.

Ausbildung und Job

129 ★

Wie heißen die folgenden **Berufe**? Der erste Buchstabe hilft Ihnen.

a) builder *B* ______________________

b) butcher *M* ______________________

c) electrician *E* ______________________

d) mechanic *M* ______________________

e) baker *B* ______________________

f) hairdresser *F* ______________________

g) plumber *K* ______________________

§

Die meisten Berufe haben im Englischen dieselbe Bezeichnung für die weibliche und die männliche Person. Unterschiede gibt es aber z.B. bei:
waiter, waitress – *Kellner(in)*; **actor, actress** – *Schauspieler(in)*

130 ★

Benennen Sie die **Utensilien am Arbeitsplatz** im Büro. Der gesuchte Begriff steht mit vertauschten Buchstaben unter jedem Bild.

(life)

a) ______________________

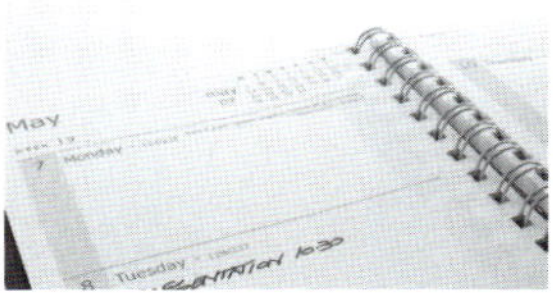

(raidy)

b) ______________________

(necres)

c) ______________________

(yekbroda)

d) ______________________

(leetnepho)

e) ______________________

(oumes)

f) ______________________

131 ★

Ordnen Sie die verschiedenen **Arbeitszeiten** richtig zu.

~~part-time~~ • ~~full-time~~ • ~~flexitime~~ • ~~overtime~~ • ~~nightshift~~ • ~~half-day~~

a) full-time (*Vollzeit*)

b) part-time (*Teilzeit*)

c) flexitime (*Gleitzeit*)

d) half-day (*halbtags*)

e) nightshift (*Nachtschicht*)

f) overtime (*Überstunden*)

132 ★★

Welches Wort hat mit **Bewerbung oder Berufsstart** zu tun?

a) A ☐ skill
B ☐ skull
C ☐ skin

b) A ☐ trolley
B ☐ trainee
C ☐ turkey

c) A ☐ apple
B ☐ apply
C ☐ appendix

d) A ☐ contract
B ☐ contrast
C ☐ convention

e) A ☐ invention
B ☐ interview
C ☐ inhabitant

f) A ☐ tranquillity
B ☐ hostility
C ☐ ability

Die Abkürzungen von Abschlüssen heißen:

GCSE: General Certificate of General Education, **A-Levels**: Advanced Levels, **NVQ**: National Vocational Education, **BA/Bsc**: Bachelor of Arts/Bachelor of Science, **MA/Msc**: Master of Arts/ Master of Sciences, **PhD**: Doctor of Philosophy

133

★★

Welche **Abschlüsse** entsprechen in etwa einander?

a) City and Guilds	___	A Bachelor of Arts/Bachelor of Sciences
b) GCSE	___	B Gesellenprüfung
c) A-levels	___	C Berufsbegleitendes Fachabitur
d) NVQ	___	D Master of Arts/Master of Sciences
e) BA/Bsc	___	E Dr. Phil.
f) MA/Msc	___	F Mittlerer Schulabschluss
g) PhD	___	G Abitur

134

★★

Setzen Sie die richtigen Wörter rund um die **Arbeit** ein.

a day off ▪ works for ▪ fired ▪ works at ▪ at work ▪ resigned from ▪ retire

a) Lisa ____________ *(arbeitet für)* an Asian company.

b) Pete is ____________ *(bei der Arbeit)*.

c) George took ____________ *(einen Tag frei)*.

d) Mariah has just ____________ *(gekündigt)* her job.

e) Louis was ____________ *(gefeuert)* last week.

f) Jason can ____________ *(in den Ruhestand gehen)* soon.

g) Bill ____________ *(arbeitet bei)* Harrods.

!

Verwechseln Sie nicht **become** – *werden* mit **get** – *bekommen*!

I want to become a pilot. – *Ich möchte Pilot werden.*
I want to get a job. – *Ich möchte einen Job bekommen.*

135 ★

Finden Sie waagerecht Bezeichnungen für **Personen am Arbeitsplatz**. Ordnen Sie sie den deutschen Entsprechungen zu.

P	E	M	P	L	O	Y	E	E	K	S
T	U	E	D	I	R	E	C	T	O	R
O	W	N	E	R	I	N	G	L	E	T
S	A	U	N	E	B	O	S	S	E	W
S	E	C	R	E	T	A	R	Y	A	N
E	L	E	R	S	T	A	F	F	T	Y
O	C	A	N	D	I	D	A	T	E	L
L	U	X	E	M	A	N	A	G	E	R
A	P	P	R	E	N	T	I	C	E	J
P	U	C	A	R	E	T	A	K	E	R

a) *Personal* Staff

b) *Bewerber/in* ______

c) *Chef/in, Vorgesetzte/r* Boss

d) *Geschäftsführer/in, Manager/in* ______

e) *Direktor/in* ______

f) *Besitzer/in* Owner

g) *Angestellte/r* Employee

h) *Sekretär/in* ______

i) *Hausmeister* ______

j) *Auszubildende/r* ______

!

Denken Sie daran, dass **boss** – *Chef*, aber **chef** – *Koch* heißt!

The new chef is fantastic. – *Der neue Koch ist fantastisch.*
The new boss is OK. – *Der neue Chef ist in Ordnung.*

136 ★★

Was bedeuten die Wörter, die mit einer **Bewerbung** zu tun haben?

a) letter of application — ☐ A Bewerbungsschreiben — ☐ B Annonce

b) CV — ☐ A Führerschein — ☐ B Lebenslauf

c) job experience — ☐ A Berufserfahrung — ☐ B Berufsschule

d) foreign languages — ☐ A Sprachkurs — ☐ B Fremdsprachen

e) job offer — ☐ A Stellenangebot — ☐ B Arbeitssuche

f) appointment — ☐ A Absage — ☐ B Termin

g) interview — ☒ A Vorstellungsgespräch — ☐ B Zusage

CV [ˌsi:ˈvi:] ist die Abkürzung des lateinischen Begriffs ‚curriculum vitae'.

137 ★

Ordnen Sie die Begriffe zum Thema **Bezahlung** richtig zu.

a) Gehalt	___	A hourly wage
b) Stundenlohn	___	B income
c) verdienen	___	C salary
d) Bezahlung	___	D account
e) Pension, Rente	___	E pay
f) Einkommen	___	F transfer
g) Konto	___	G pension
h) Überweisung	___	H earn

138 ★★

Welche für den **Beruf** nützlichen **Eigenschaften** haben sich hier versteckt?

vauhgorganizeddindependentatyladaptablenetidenaraenterprisingstectotoutgoingyelpricesuccessfulststexperiencedabl

a) ________________ *(organisiert)*

b) ________________ *(unabhängig)*

c) ________________ *(erfahren)*

d) ________________ *(geschäftstüchtig)*

e) ________________ *(kontaktfreudig)*

f) ________________ *(erfolgreich)*

g) ________________ *(anpassungsfähig)*

139 ★★

Welches Wort aus dem **Berufsalltag** fehlt im Satz? Kreuzen Sie es an.

a) You usually ... work at 8 a.m.

- ☐ **A** leave
- ☐ **B** start
- ☐ **C** get

b) You sit at a ... in an office.

- ☐ **A** poultry
- ☐ **B** desk
- ☐ **C** chair

c) You have a ... at lunchtime.

- ☐ **A** stop
- ☐ **B** break
- ☐ **C** rest

b) You can work with ... or in a team.

- ☐ **A** colleges
- ☐ **B** colleagues
- ☐ **C** collages

!

Benutzen Sie das Verb **finish** (und nicht **end**!), wenn die Arbeit beendet ist, oder man mit dem Arbeiten am Tag aufhört:

She finishes work at 6pm. – *Sie hört um 6 Uhr auf zu arbeiten.*

140 ★★★

Sortieren Sie die **Berufe** nach Bezeichnungen im British English *(BE)* und im American English *(AE)*.

fireman ▪ police officer ▪ sales assistant ▪ solicitor ▪ vet ▪ firefighter ▪ salesperson ▪ veterinarian ▪ lawyer/attorney ▪ policeman

BE	AE

141 ★★★

Setzen Sie zehn Wörter ein und Sie erhalten das Lösungswort für k).

a) *geeignet, passend*
b) *unbefristet*
c) *Abteilung*
d) *empfehlen*
e) *befristet*
f) *Herausforderung*
g) *Angebot*
h) *Arbeitgeber*
i) *kündigen*
j) *Bedingung*

k)
a)
b)
c)
d)
e)
f)
g)
h)
i)
j)

Lösungswort k): ____________________ **Deutsch:** ____________________

In der Stadt

142 ★

Nennen Sie die Gebäude oder Orte, an denen man **einkaufen** kann. Der gesuchte Begriff steht mit vertauschten Buchstaben hinter der Linie.

a) *Laden, Geschäft* Shop (sohp)

b) *Markt* market (ketram)

c) *Supermarkt* ______ (uspreketram)

d) *Kaufhaus* ______ (partedtemn reost)

e) *Einkaufszentrum* ______ (ingshpop trenec)

f) *Fabrikverkauf* ______ (telout reost)

g) *Secondhandladen* ______ (esdnoc-danh posh)

143 ★

Kino, **Theater**, **Museum**. In jeder Reihe passt ein Wort nicht.

a)	☐ A gallery	☐ B painting	☐ C original	☐ D brunch
b)	☐ A actor	☐ B theatre	☐ C wallet	☐ D comedy
c)	☐ A tower	☐ B cinema	☐ C seat	☐ D row
d)	☐ A drama	☐ B opera	☐ C wine	☐ D ballet
e)	☐ A art	☐ B exhibition	☐ C painter	☐ D meal
f)	☐ A order	☐ B curtain	☐ C stage	☐ D applause
g)	☐ A part	☐ B fashion	☐ C scene	☐ D act

144 ★

Suchen Sie in der Buchstabenreihe nach Wörtern, die mit **Geschäften** zu tun haben und übersetzen Sie sie.

a) spenentranced *entrance* – *Eingang*

b) exiterhundlery ______ – ______

c) stescalatorunt ______ – ______

d) zoulopenronts ______ – ______

e) bleusenclosed ______ – ______

f) sacustomerlon ______ – ______

g) wirensalehuc ______ – ______

h) staltofferance ______ – ______

145 ★

Was tragen diese Frauen? Nennen Sie die **Kleidungsstücke**.

a) *a* ______

b) *a black* ______

c) *a* ______

d) *a* ______

e) *white* ______

f) *blue* ______

146 ★★

Welche Wörter für **Accessoires** passen zusammen?

a) glove	c	A	Armbanduhr
b) earring	g	B	Sonnenbrille
c) watch	i	C	Armband
d) belt	f	D	Krawatte
e) umbrella	a	E	Handschuh
f) tie	b	F	Ohrring
g) sunglasses	h	G	Schal
h) scarf	d	H	Gürtel
i) bracelet	e	I	Schirm

147 ★★

Sie brauchen eine Pause und gehen in ein **Café**. Welches Wort fehlt?

a) I know a good coffee shop.	*Ich kenne ein gutes* ________ *.*
b) Have you been here before?	________ *Sie schon mal hier?*
c) Can we see the menu, please?	*Können wir bitte die* ________ *haben?*
d) Are you ready to order?	*Haben Sie schon* ________ *?*
e) Would you like to have a starter?	*Hätten Sie gerne eine* ________ *?*
f) What do you recommend?	*Was* ________ *Sie?*
g) Could I have the bill, please?	*Könnte ich bitte die* ________ *haben?*
h) Don't forget the tip.	*Vergessen Sie das* ________ *nicht.*

148 ★★

Suchen Sie im Wortgitter waagerecht die englischen Übersetzungen der folgenden Wörter und schreiben Sie das Gegenteil davon auf.

billig ▪ *geöffnet* ▪ *drücken* ▪ *kaufen* ▪ *sparen* ▪ *locker* ▪ *dick*

F	A	C	H	E	A	P	S
L	O	O	S	E	R	Y	S
S	O	P	E	N	W	E	X
L	O	U	T	H	I	C	K
O	P	R	P	U	S	H	G
H	B	U	Y	A	D	O	W
R	U	S	A	V	E	R	N

a) ______________________

b) ______________________

c) ______________________

d) ______________________

e) ______________________

f) ______________________

g) ______________________

149 ★★

Hier geht es um die **Anprobe**. Vervollständigen Sie die Sätze.

a) What ____________ *(Größe)* do you need?

b) Excuse me, where is the ____________ ____________ *(Umkleidekabine)*?

c) Do you have this in ____________ *(mittel)*?

d) This shirt is too __________ *(kurz)*.

e) The sleeves are a bit too __________ *(lang)*.

f) These trousers don't ____________ *(passen)* at all, I'm sorry.

Die Größenbezeichnungen **S**, **M** und **L** kommen von den englischen Wörtern **small (S)** – *klein*, **medium (M)** – *mittel* und **large (L)** – *groß*.
Ein **XS** ist **extra small** – *extra klein*, ein **XL** ist **extra large** – *extra groß*.

150 ★★ Schreiben Sie das passende **Geschäft** neben die Artikel.

shoe shop • jewellery shop • florist's • music store • book shop • greengrocer's • pet shop • sports shop • electronics store • chemist's • newsagent's • butcher's • baker's • travel agency

a) silver ring ______________________

b) swimsuit ______________________

c) TV ______________________

d) bread ______________________

e) meat ______________________

f) magazines ______________________

g) vegetables ______________________

h) guidebook ______________________

i) painkillers ______________________

j) budgies ______________________

k) CDs ______________________

l) ticket for a cruise ______________________

m) roses ______________________

n) hiking boots ______________________

Der Bäcker (Person) heißt **baker**, aber: *beim Bäcker* heißt **at the baker's**.

Ursprünglich hieß es **at the baker's shop**. Weil das zu lang war, hat man shop gestrichen, übrig blieb die Endung mit dem 's.

Siehe auch: **at the hairdresser's** – *beim Frisör;* **at the shoemaker's** – *beim Schuster*

151 ★★

Welche Stoffe und Materialien für **Kleidung und Schmuck** stehen hier?

a) n o t o c t – ____________________ *(Baumwolle)*

b) l o w o – ____________________ *(Wolle)*

c) n e l i n – ____________________ *(Leinen)*

d) k i l s – ____________________ *(Seide)*

e) t h e a l e r – ____________________ *(Leder)*

f) v e r i l s – ____________________ *(Silber)*

g) d o l g – ____________________ *(Gold)*

h) r u f – ____________________ *(Fell)*

152 ★★

An der Kasse geht es ums **Bezahlen**. Setzen Sie das richtige Wort in die Lücke.

cash ▪ coins ▪ price ▪ pay ▪ cost ▪ change ▪ purse ▪ receipt

a) How much do I have to ____________________?

b) How much does it ____________________?

c) I'm sorry. I can't ____________________ your £50 note.

d) You need 10p ____________________ for this parking machine.

e) There's no ____________________ on this cardigan. How much is it?

f) Oh no, I left my ____________________ in the shoe shop.

g) Don't forget to bring the ____________________.

h) Sorry, no cheques. We only accept ____________________.

153

★★

Diese Verben haben etwas mit dem Tragen von **Kleidung** zu tun. Verbinden Sie.

a) wear, have on
b) get dressed
c) be dressed
d) try on
e) take off
f) put on

___ **A** sich anziehen
___ **B** anprobieren
___ **C** angezogen sein
___ **D** ausziehen
___ **E** tragen, anhaben
___ **F** anziehen

154

★★★

Kleidungsstücke haben im British English *(BE)* und American English *(AE)* oft unterschiedliche Bezeichnungen. Tragen Sie in die Tabelle ein.

undershirt ▪ bathing suit ▪ sweater ▪ tuxedo ▪ dinner jacket ▪ pants ▪ trousers ▪ underwear ▪ vest ▪ swimsuit ▪ jumper ▪ pants

German	BE	AE
Pullover		
Hose		
Unterhose		
Unterhemd		
Smoking		
Badeanzug		

155

★★★

Setzen Sie waagerecht 15 Begriffe aus **öffentlichen Ämtern** ein und Sie erhalten das Lösungswort für p).

a) *Urkunde*
b) *Rathaus*
c) *Büro, Abteilung*
d) *Polizei*
e) *Formular*
f) *Erlaubnis*
g) *Bürgermeister*
h) *Bürger*
i) *öffentlich*
j) *Reisepass*
k) *Schein, Lizenz*
l) *Bezirk, Viertel*
m) *Steuern*
n) *Verwaltung*
o) *Büroangestellte(r)*

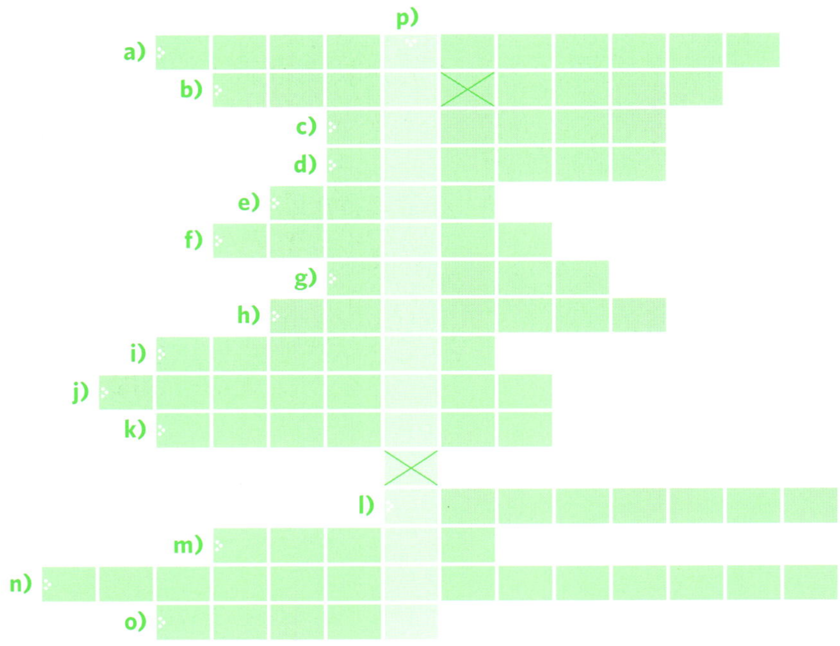

Lösungswort p): ______________________

Nach Großbritannien können Sie mit einem **passport** (*Reisepass*) oder mit einer **identity card** (*Personalausweis*), auch kurz **ID card** genannt, einreisen. In den englischsprachigen Ländern Großbritannien, Irland, USA, Kanada, Australien und Neuseeland gibt es keine Meldepflicht. Die Bürger dort brauchen keine **ID card**. Zur Ausreise benötigen sie aber einen Reisepass.

Im Verkehr

156 ★

Welche **Transportmittel** sehen Sie hier? Tragen Sie die Wörter ins Gitter ein. Der Anfangsbuchstabe ist jeweils vorgegeben.

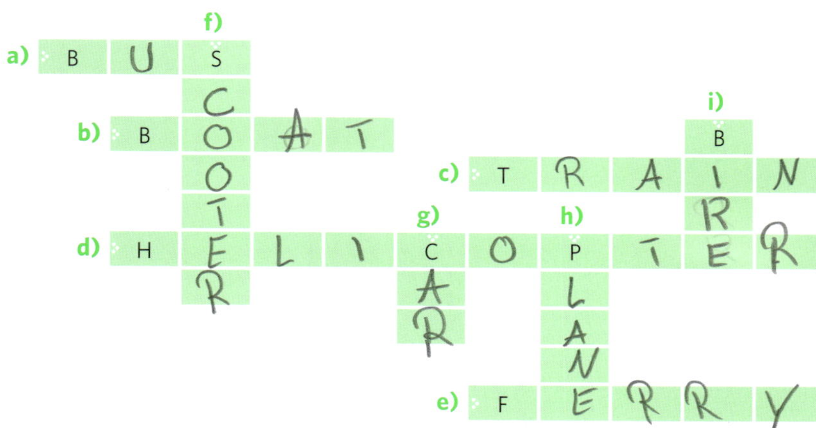

Im Deutschen fährt man <u>*mit*</u> einem Transportmittel, im Englischen wird **by** benutzt: **by car** – *mit dem Auto;* **by plane** – *mit dem Flugzeug,* etc., aber: **on foot** – *zu Fuß*!

157 ★

Setzen Sie die Wörter und Wendungen aus dem Kasten richtig ein.

ticket office • is delayed • arrives • miss • reservation • timetable • pick me up • ticket machine • change for • cancelled

a) Hi Dirk, my train ____________ *(kommt an)* at 8.15p.m.

b) Our plane ____________ *(hat Verspätung)*.

c) Let's look at the ____________ *(Fahrplan)*.

d) Excuse me, where is the ____________ *(Fahrkartenschalter)*?

e) There's a ____________ *(Fahrkartenautomat)* in the corner.

f) You'd better have a ____________ *(Reservierung)*.

g) You have to ____________ *(umsteigen nach)* Berlin in Kassel.

h) You're late. You'll ____________ *(verpassen)* the last bus.

i) Could you ____________ *(mich abholen)*, please?

j) Oh no, they've ____________ *(haben gestrichen)* the flight.

158 ★★

Ihr **Auto** muss in die **Werkstatt**. Was wird gecheckt und gereinigt?

a) engine	☐ **A** Reifen	*oder*	☐ **B** Motor
b) windscreen	☐ **A** Windschutzscheibe	*oder*	☐ **B** Schiebedach
c) exhaust pipe	☐ **A** Außenspiegel	*oder*	☐ **B** Auspuff
d) seat belts	☐ **A** Sicherheitsgurte	*oder*	☐ **B** Rücklichter
e) headlights	☐ **A** Scheibenwischer	*oder*	☐ **B** Scheinwerfer
f) tyres	☐ **A** TÜV-Plakette	*oder*	☐ **B** Reifen
g) battery	☐ **A** Blinker	*oder*	☐ **B** Batterie

159 ★★

Ordnen Sie die Tätigkeiten beim **Autofahren** den deutschen Verben zu.

cross • stop • turn • crash • pass • overtake • honk • park • buy petrol • brake

a) *anhalten* ______________ **b)** *abbiegen* ______________

c) *parken* ______________ **d)** *überqueren* ______________

e) *bremsen* ______________ **f)** *überholen* ______________

g) *hupen* ______________ **h)** *vorbeifahren* ______________

i) *tanken* ______________ **j)** *zusammenstoßen* ______________

!

Das Verb **drive** – *fahren* benutzt man nur, wenn man mit dem Auto fährt. In allen anderen Fällen nimmt man **go** für *fahren*.

I went to Rome. – *Ich fuhr (mit dem Zug, mit dem Flugzeug, etc.) nach Rom.*
I drove to Rome. – *Ich fuhr (mit dem Auto) nach Rom.*

160 ★★

Verbinden Sie ein Wortteil aus dem linken Kasten mit einem Wortteil aus dem rechten Kasten und Sie erhalten zehn neue Wörter.

plat • time • motor • under • sea • cross • round • air • sat • rail

ground • form • way • table • about • roads • way • line • nav • sick

a) ______________ **b)** ______________

c) ______________ **d)** ______________

e) ______________ **f)** ______________

g) ______________ **h)** ______________

i) ______________ **j)** ______________

161 ★★

Welche Aussagen zum Thema **Reisen** sind richtig? Kreuzen Sie an.

a) I don't like flying. I'd rather travel by ...

- ☐ A coach.
- ☐ B couch.

b) What did he say? Did you understand the ...

- ☐ A annotation?
- ☐ B announcement?

c) The person who checks the tickets is a ...

- ☐ A conductor
- ☐ B colleague

d) We'd like to go on a ...

- ☐ A cruise.
- ☐ B crossing.

162 ★★★

Wie heißen die Optionen aus Übung 161 auf Deutsch.

a) A ______________________ B ______________________

b) A ______________________ B ______________________

c) A ______________________ B ______________________

d) A ______________________ B ______________________

!

Passen Sie auf, wenn Sie die englische Entsprechung für das Wort *über* benutzen!
Put it over the seat. – *Legen Sie es über den Sitz (drüber).*
Look at the departures above. – *Schauen Sie auf die Abfahrtzeiten darüber.*
We fly via Dubai. – *Wir fliegen über Dubai (mit Zwischenlandung).*

163 ★★★

Finden Sie waagerecht elf Wörter zum **Verkehr** und Sie erhalten das Lösungswort aus dem Bereich der **Sicherheit**.

C	O	M	P	A	R	T	M	E	N	T	F	U
A	S	H	O	R	E	P	D	E	L	A	Y	K
P	A	L	U	G	G	A	G	E	H	R	E	M
Z	O	U	M	C	A	R	R	I	V	A	L	C
J	E	P	A	S	S	E	N	G	E	R	B	E
R	E	T	H	E	H	A	R	B	O	U	R	G
D	E	P	A	R	T	U	R	E	M	B	L	E
F	L	I	G	H	T	Q	U	T	A	N	K	P
C	M	A	I	N	L	A	N	D	L	O	N	P

a) *Passagier* ______________________ (5. Buchstabe ☐)

b) *Festland* ______________________ (1. Buchstabe ☐)

c) *an Land* ______________________ (6. Buchstabe ☐)

d) *Hafen* ______________________ (3. Buchstabe ☐)

e) *Gepäck* ______________________ (3. Buchstabe ☐)

f) *Abflug* ______________________ (2. Buchstabe ☐)

g) *Tank* ______________________ (3. Buchstabe ☐)

h) *Abteil* ______________________ (1. Buchstabe ☐)

i) *Verspätung* ______________________ (5. Buchstabe ☐)

j) *Ankunft* ______________________ (4. Buchstabe ☐)

k) *Flug* ______________________ (6. Buchstabe ☐)

Lösungswort:

a)	b)	c)	d)	e)	f)	g)	h)	i)				j)	k)
										E	X		

Auf Reisen

164 ★

Für welche **Länder** stehen diese Flaggen? Wählen Sie richtigen Länder aus und schreiben Sie sie unter die Bilder.

Great Britain • England • Scotland • Wales • Ireland • United States of America

a) ____________________

b) ____________________

c) ____________________

d) ____________________

e) ____________________

f) ____________________

165 ★

Welche **Sprache** wird in den verschiedenen Ländern gesprochen? Das gesuchte Wort steht mit vertauschten Buchstaben hinter der Linie.

a) In Germany they speak ____________________ (nemGra)

b) In the Netherlands they speak ____________________ (uchDt)

c) In France they speak ____________________ (rechFn)

d) In Spain they speak ____________________ (shinapS)

e) In Italy they speak ____________________ (tainalI)

f) In Poland they speak ____________________ (sholiP)

166 ★

Setzen Sie das richtige Wort ein.

a) Which c____________ *(Land)* is your friend from?

b) What's your n____________ *(Nationalität)*?

c) Do you s____________ *(sprechen)* English?

d) No, I don't. But I can u____________ *(verstehen)* a little bit.

e) Isabel speaks English without an a____________ *(Akzent)*.

f) 'Cockney' is an English d____________ *(Dialekt)* in London.

§

Achten Sie auf den Unterschied von **good** – *gut* (Adjektiv) und **well** – *gut* (Adverb)!

I'm good at English. – *Ich bin gut in Englisch.*
Your English is good too. – *Dein Englisch ist auch gut.*
Aber: **You speak English well.** – *Du sprichst gut Englisch.*

167 ★★

Welche **Länder** gehören zu den zwei Bezeichnungen? Kreuzen Sie an.

a) United Kingdom

- ☐ A Scotland
- ☐ B Ireland
- ☐ C Wales
- ☐ D Northern Ireland
- ☐ E England

b) Great Britain

- ☐ A Scotland
- ☐ B Ireland
- ☐ C Wales
- ☐ D Northern Ireland
- ☐ E England

Zu **Großbritannien** gehören die Länder der Hauptinsel: England, Schottland und Wales. Zum **Vereinigten Königreich Großbritannien und Nordirland** gehört zusätzlich Nordirland. **Irland** dagegen ist eine Republik und ein eigener Staat, es gehört nicht zu Großbritannien.

168 ★★

Welche Wörter brauchen Sie bei der **Reisevorbereitung**? Ordnen Sie die Wörter aus der Wortschlange den deutschen Begriffen zu.

plansuitcasebookmappacktravelguidesle
epingbagjourneytravelagencytriptravel

a) *lange Reise, Fahrt* ____________

b) *Ausflug, Fahrt* ____________

c) *Reisebüro* ____________ ____________

d) *planen* ____________

e) *buchen* ____________

f) *packen* ____________

g) *reisen* ____________

h) *Schlafsack* ____________ ____________

i) *Koffer* ____________

j) *Reiseführer* ____________

k) *Landkarte* ____________

169 ★★

Ordnen Sie die passenden Wörter aus dem **American English** *(AE)* zu.

backpack ▪ cart ▪ trailer ▪ vacation ▪ lodge ▪ baggage

BE	AE
holiday	
rucksack	
cottage	
luggage	
trolley	
caravan	

170 ★★

Welche außereuropäischen **Länder und Kontinente** sind im Wortgitter versteckt? Schreiben Sie sie auf.

A	M	O	R	O	C	C	O	M	O	U	N
B	R	A	Z	I	L	Y	E	G	Y	P	T
F	E	R	T	I	N	D	I	A	S	T	E
A	C	H	I	N	A	S	T	I	C	A	N
C	E	L	I	T	C	A	N	A	D	A	U
P	R	A	F	R	I	C	A	S	U	T	H
N	O	T	E	S	T	R	A	S	I	A	L
D	E	M	O	N	O	J	A	P	A	N	Z
A	U	S	T	R	A	L	I	A	W	E	N

a) ______ b) ______

c) ______ d) ______

e) ______ f) ______

g) ______ h) ______

i) ______ j) ______

171 ★★

Verbinden Sie ein **Land** mit der dort gesprochenen **Sprache**.

a) Northern Ireland ___ A Arabic

b) Mexico ___ B Hebrew

c) Brazil ___ C Spanish

d) Israel ___ D Mandarin

e) Egypt ___ E English

f) China ___ F English and French

g) Canada ___ G Portuguese

172 ★★

Sie wollen als Tourist **Sehenswürdigkeiten** besichtigen. Die Anfangsbuchstaben helfen Ihnen, die englischen Wörter der Reihe nach aufzuschreiben.

Ruine • Palast • Kirche • Kapelle • Platz • Schloss • Gebäude • Museum

a) *r* ______________________ **b)** *p* ______________________

c) *chu* ______________________ **d)** *cha* ______________________

e) *sq* ______________________ **f)** *c* ______________________

g) *b* ______________________ **h)** *m* ______________________

!

Achten Sie auf den richtigen Gebrauch von **cathedral** und **dome**.

St. Paul's Cathedral is very famous. – *Die St. Pauls Kathedrale ist sehr berühmt.*
St. Paul's Cathedral has a dome. – *Die St. Pauls Kathedrale hat eine Kuppel.*

173 ★★

Vervollständigen Sie die Informationen zu einer **Unterkunft**.

pets • quiet • offer • walking • access • recommended • available

a) *ruhige Lage* ______________________ location

b) *empfohlene Kneipe* ______________________ pub

c) *Zugang zu Verkehrsmitteln* ______________________ to public transport

d) *zu Fuß zu erreichen* within ______________________ distance

e) *Abendmahlzeiten erhältlich* evening meals ______________________

f) *Haustiere willkommen* ______________________ welcome

g) *Angebot* special ______________________

174 ★★

Was bedeuten die **Weg- oder Ortsbeschreibungen**? Kreuzen Sie an.

a) Turn left at the next traffic lights.

☐ **A** *Biegen Sie an der nächsten Ampel links ab.*

☐ **B** *Wenden Sie an der nächsten Ampel und fahren Sie links.*

b) You can't miss the church.

☐ **A** *Sie werden die Kirche nicht vermissen.*

☐ **B** *Sie können die Kirche nicht verpassen.*

c) The B&B is not far away. It's near the entrance to the park.

☐ **A** *Das B&B ist nicht weit weg. Es ist in der Nähe des Parkeingangs.*

☐ **B** *Das B&B ist belegt. In der Nähe des Parkeingangs ist noch ein weiteres.*

d) There is a very good café opposite the theatre.

☐ **A** *Gegenüber vom Theater gibt es ein sehr gutes Café.*

☐ **B** *Außerhalb des Theaters gibt es ein sehr gutes Café.*

e) This is the wrong direction.

☐ **A** *Dies ist die falsche Dienststelle.*

☐ **B** *Dies ist die falsche Richtung.*

f) Go back to the main station.

☐ **A** *Gehen Sie zum Hauptbahnhof zurück.*

☐ **B** *Gehen Sie bis zur nächsten Haltestelle zurück.*

Fragen Sie nach dem Weg am besten immer höflich, z. B.:
Excuse me, could you tell me the way to the museum, please?
Entschuldigen Sie, könnten Sie mir bitte den Weg zum Museum erklären?

175 ★★★

Hier finden Sie 13 Begriffe zu **Übernachtung und Unterkunft**. Tragen Sie die englischen Wörter ein und Sie erhalten das Lösungswort n).

a) *Frühstück*
b) *ausgezeichnet*
c) *Bedienung*
d) *Jugendherberge*
e) *Campingplatz*
f) *Zimmer*
g) *sich beschweren*
h) *Pensionsinhaberin*
i) *getrennt*
j) *bleiben*
k) *zufrieden*
l) *Dusche*
m) *verbringen*

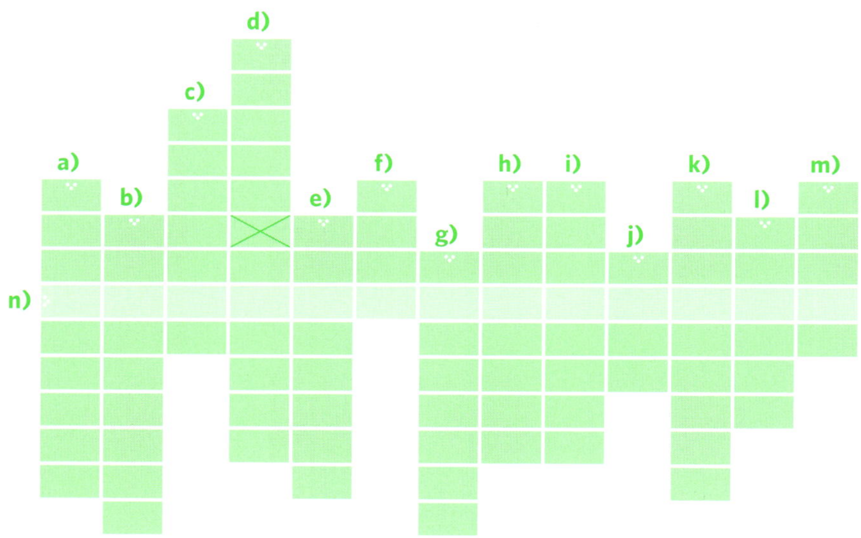

Lösungswort n): ______________________

Deutsch: ______________________

Folgende Übernachtungsmöglichkeiten gibt es:

single room – *Einzelzimmer*
double room – *Doppelzimmer*
ensuite room – *Zimmer mit eigenem Bad*
self-catering accommodation – *Unterkunft für Selbstversorger*

In der Natur

176 ★

Welche **Landschaftsformen** kennen Sie? Schreiben Sie sie auf.

~~mountain~~ ▪ ~~lake~~ ▪ ~~hill~~ ▪ ~~beach~~ ▪ ~~river~~ ▪ ~~coast~~ ▪ ~~forest~~ ▪ ~~island~~ ▪ ~~valley~~ ▪ ~~sea~~

a) *Insel*	island	**b)** *Meer*	sea
c) *(ein) See*	~~[illegible]~~ lake	**d)** *Strand*	beach
e) *Fluss*	river	**f)** *Berg*	mountain
g) *Wald*	forest	**h)** *Hügel*	hill
i) *Küste*	coast	**j)** *Tal*	valley

177 ★★

Diese **Tiere** können Ihnen **im Garten** begegnen. Verbinden Sie.

a) beetle	___ A Fliege
b) bee	___ B Spatz
c) ant	___ C Regenwurm
d) spider	___ D Biene
e) blackbird	___ E Spinne
f) fly	___ F Amsel
g) sparrow	___ G Ameise
h) earthworm	___ H Käfer

Kennen Sie diese Sprichwörter?

- **The early bird catches the worm.** – *Morgenstund hat Gold im Mund. /Wer zuerst kommt, mahlt zuerst.*
- **Fine feathers make fine birds.** – *Kleider machen Leute.*

178 ★★

In der **Natur** sind die verschiedensten **Tiere** anzutreffen. Die gesuchten Wörter stehen mit vertauschten Buchstaben unter jedem Bild.

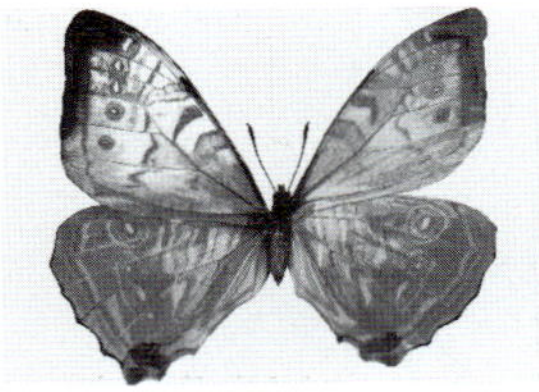

(lyfubtetr)
a) butterfly

(dylabird)
b) ______

(pallirterca)
c) ______

(worc)
d) ______

(lemo)
e) ______

(ribr)
f) ______

179 ★★

Sortieren Sie nach **Tieren vom Bauernhof** und **Tieren aus dem Zoo**.

bear • snake • shark • crocodile • dog • rabbit • lion • goose • pig • chicken • sheep • cow • tiger • elephant • duck • horse • cat • monkey • seal • dolphin

farm animals	zoo animals
dog, cat, horse, rabbit, Pig, cow, sheep, goose, chicken, durck	crocodile, lion, monkey, elephant, tiger, snake, bear, dolphin, shark, seal

180 ★★

Finden Sie in der Buchstabenreihe **Wetterwörter** und schreiben Sie die deutsche Bezeichnung daneben.

a) (sachflishowerssoldf) *showers* – *Regenschauer*

b) (legolightningenbud) ______ – ______

c) (rinjeshailrewounste) ______ – ______

d) (stathunderstormfen) ______ – ______

e) (poustercloudsterge) ______ – ______

f) (pashsnowhbreedges) ______ – ______

g) (foghewertzelkumhg) ______ – ______

h) (hellandertfrosternde) ______ – ______

181 ★★

Schreiben Sie aus dem Wortgitter acht Begriffe zum **Umweltschutz** auf.

S	P	O	L	L	U	T	I	O	N	T
D	E	N	W	A	S	T	E	R	L	T
P	R	O	L	T	E	N	E	R	G	Y
E	N	V	I	R	O	N	M	E	N	T
W	E	I	N	D	U	S	T	R	Y	S
P	R	E	S	O	U	R	C	E	W	E
I	W	O	U	R	E	C	Y	C	L	E
A	S	A	V	E	C	H	E	W	E	L

a) ______ b) ______

c) ______ d) ______

e) ______ f) ______

g) ______ h) ______

182 ★★★

Übersetzen Sie die gefundenen Wörter aus Übung 181 ins Deutsche.

a) ______ b) ______

c) ______ d) ______

e) ______ f) ______

g) ______ h) ______

Ein *Kraftwerk* nennt man **power station** oder **power plant**.

Ein *Atomkraftwerk* heißt **nuclear power station** oder **nuclear power plant**.

183 ★★★

Ordnen Sie die geografischen Begriffe einer Beschreibung zu.

Great Barrier Reef ▪ Son Doong ▪ Niagara Falls ▪ Mauna Loa ▪ Lake Baikal ▪ Everglades National Park ▪ Cliffs of Moher ▪ Byron Bay ▪ Asia ▪ Sahara

a) largest desert in the world ______

b) swampland in Florida ______

c) waterfall ______

d) deepest lake in the world (Russia) ______

e) biggest cave in the world (Vietnam) ______

f) famous cliffs (Ireland) ______

g) easternmost place in Australia ______

h) the biggest continent ______

i) biggest coral reef in the world (Australia) ______

j) biggest active volcano in the world (Hawaii) ______

184 ★★★

Hier finden Sie **Naturbeschreibungen**. Übersetzen Sie sie.

a) a shallow pond ______

b) the rough sea ______

c) a steep mountain ______

d) still waters ______

e) damp grass ______

f) a polluted stream ______

g) blooming fruit trees ______

185 ★★★

In der Wortschlange sind sechs **Blumen** und fünf **Bäume** versteckt. Schreiben Sie sie neben die richtigen deutschen Bezeichnungen.

mapleros ebirchtulipoakdaffodil
peonysunflowerpinedaisybeech

a) *Rose* ______ **b)** *Eiche* ______

c) *Tulpe* ______ **d)** *Buche* ______

e) *Osterglocke* ______ **f)** *Birke* ______

g) *Sonnenblume* ______ **h)** *Kiefer* ______

i) *Pfingstrose* ______ **j)** *Ahorn* ______

k) *Gänseblümchen* ______

!

Unterscheiden Sie die Verben **bloom** – *blühen* von **blossom** – *zu blühen beginnen* und **thriving** – *blühen/wachsen* und *gedeihen*!
Roses bloom for a long time. – *Rosen blühen lange.*
Look, the cherry tree is blossoming. – *Schau, der Kirschbaum fängt an zu blühen.*
My herbs are thriving this year. – *Meine Kräuter wachsen dieses Jahr gut.*

Politik und Staat

186 ★

Hier finden Sie politische Personenbezeichnungen mit vertauschten Buchstaben. Schreiben Sie sie richtig auf.

a) *Präsident/in* ______________________ (resipnedt)

b) *Kanzler/in* ______________________ (orcellnach)

c) *König* ______________________ (gikn)

d) *Königin* ______________________ (equen)

e) *Politiker/in* ______________________ (canitipilo)

f) *Minister/in* ______________________ (ternimis)

g) *Gouverneur/in* ______________________ (vergonor)

In Verbindung mit einer bestimmten Person wird deren Bezeichnung groß geschrieben:

We need a new president. – *Wir brauchen einen neuen Präsidenten.*

Aber: **We talked about President Obama.** – *Wir sprachen über Präsident Obama.*

187 ★★

Setzen Sie das richtige Wort ein. Jeder Strich steht für einen Buchstaben.

a) The United States of America consist of 50 _ _ _ _ _ _ *(Staaten)*.

b) How many _ _ _ _ _ _ _ *(Nationen)* took part in the Olympic Games?

c) We live in a democratic _ _ _ _ _ _ _ *(Land)*.

d) Norway and Sweden are _ _ _ _ _ _ _ _ _ _ *(Monarchien)*.

e) The people of a country or a city are its _ _ _ _ _ _ _ _ *(Bürger)*.

f) The majority voted for the new _ _ _ *(Gesetz)*.

188 ★★

Diese **politischen Titel** bestehen aus mehreren Wörtern. Setzen Sie sie aus dem Kasten richtig zusammen.

leader ▪ head ▪ minister ▪ of ▪ party ▪ foreign ▪ state ▪ leader ▪ prime ▪ opposition ▪ minister

a) *Staatsoberhaupt* ______________________

b) *Außenminister/in* ______________________

c) *Premierminister/in* ______________________

d) *Parteichef/in* ______________________

e) *Oppositionsführer/in* ______________________

189 ★★

Finden Sie waagerecht acht Wörter zum Thema **Staat** und ordnen Sie sie den deutschen Übersetzungen zu.

F	L	E	M	B	A	S	S	Y	S	E	P
Z	O	E	M	E	W	F	L	A	G	O	W
P	U	B	L	I	C	L	I	N	E	T	E
O	P	P	O	J	E	X	I	L	E	C	H
S	C	A	R	T	E	T	R	E	A	T	Y
E	B	O	R	D	E	R	M	U	B	B	L
L	U	A	M	B	A	S	S	A	D	O	R
F	O	R	E	I	G	N	E	R	T	E	K

a) *Ausländer/in* ______________ **b)** *Flagge* ______________

c) *Botschafter/in* ______________ **d)** *Botschaft* ______________

e) *öffentlich* ______________ **f)** *Exil* ______________

g) *Vertrag* ______________ **h)** *Grenze* ______________

190 ★★

Vervollständigen Sie die Sätze. Die gesuchten Wörter stehen vermischt im Kasten.

prisoners ▪ enemies ▪ fired ▪ soldiers ▪ troops ▪ weapons ▪ destroyed ▪ fought ▪ defeated

a) We don't have any ______________ *(Feinde)*.

b) The ______________ *(Truppen)* landed on Malta.

c) How many ______________ *(Gefangene)* are there in Guantanamo?

d) Two ______________ *(Soldaten)* were killed by a bomb attack.

e) They ______________ *(kämpften)* for their country.

f) In the end they ______________ *(besiegten)* the enemy.

g) The headquarters had been completely ______________ *(zerstört)*.

h) The army found a large number of illegal ______________ *(Waffen)*.

i) The terrorists immediately ______________ *(schossen)* at the crowd.

191 ★★

Verbinden Sie die Begriffe rund um **Soziales** richtig miteinander.

a) benefits	___	**A** niedriges Einkommen
b) income tax	___	**B** Arbeitslosengeld
c) low income	___	**C** Menschenrechte
d) social worker	___	**D** Sozialleistungen
e) human rights	___	**E** Unabhängigkeit
f) unemployment benefit	___	**F** Sozialarbeiter/in
g) independence	___	**G** Einkommenssteuer

192 ★★★

Finden Sie zu den Verben rund um die **Politik** ein aus derselben Wortfamilie passendes Nomen. Die deutsche Übersetzung hilft Ihnen.

a) elect - ______________________ *(Wahl)*

b) retire - ______________________ *(Ruhestand)*

c) support - ______________________ *(Unterstützung)*

d) govern - ______________________ *(Regierung)*

e) lead - ______________________ *(Führer, Leiter)*

f) negotiate - ______________________ *(Verhandlung)*

g) argue - ______________________ *(Auseinandersetzung)*

h) immigrate - ______________________ *(Einwanderung)*

i) emigrate - ______________________ *(Auswanderung)*

193 ★★★

Welches **Kriegsvokabular** hat sich in den Buchstabenschlangen versteckt? Kreisen Sie die Wörter ein und übersetzen Sie sie.

a) (cattercattackmara) ______________________

b) (priminvasionvade) ______________________

c) (tvicpavictimacea) ______________________

d) (lettbelabattletattel) ______________________

e) (stoptoccupationuc) ______________________

f) (vetroviolencerlov) ______________________

g) (staghogehostagest) ______________________

Die Gesellschaft

194 ★

Verbinden Sie die Wörter zur **Kriminalität** richtig.

a)	offence	___ A	Verbrechen
b)	shoplifter	___ B	Drogendealer
c)	thief	___ C	Zeuge/Zeugin
d)	crime	___ D	Straftat
e)	burglar	___ E	Gefängnis
f)	rapist	___ F	Dieb/in
g)	witness	___ G	Vergewaltiger
h)	prison	___ H	Einbrecher/in
i)	drug dealer	___ I	Ladendieb/in

! *Mord* heißt **murder**, und *Mörder* heißt **murderer**!

195 ★

Im Kasten stehen acht Wörter zum Thema **Bevölkerung**. Schreiben Sie sie neben die richtigen englischen Wörter.

Bewohner/in • Bevölkerung • ländlich • Dorf • Gesellschaft • Leute • städtisch • Einheimische/r

a)	people	______	b)	resident	______
c)	native	______	d)	population	______
e)	urban	______	f)	rural	______
g)	society	______	h)	village	______

196 ★★

Diese Leute sorgen für **Sicherheit**. In jeder Reihe passt nur ein Wort.

a) ☐ A patrol ☐ B petrol ☐ C patriot

b) ☐ A detector ☐ B detective ☐ C detergent

c) ☐ A bodybuilder ☐ B body snatcher ☐ C bodyguard

d) ☐ A gourmand ☐ B gardener ☐ C guard

e) ☐ A bobby ☐ B babbler ☐ C bubble

f) ☐ A politician ☐ B policewoman ☐ C policymaker

197 ★★

Ordnen Sie **kriminelle Aktivitäten** und **Aktivitäten der Polizei** aus dem Kasten den richtigen deutschen Verben zu.

break into ▪ steal ▪ rob ▪ notice ▪ shoot ▪ hurt ▪ beat ▪ murder ▪ rape ▪ recognize ▪ search ▪ catch ▪ arrest ▪ escape ▪ kill ▪ destroy ▪ abuse ▪ question

a) *schlagen* ________ b) *ausrauben* ________

c) *ermorden* ________ d) *fliehen* ________

e) *stehlen* ________ f) *vergewaltigen* ________

g) *töten* ________ h) *misshandeln* ________

i) *einbrechen* ________ j) *schießen* ________

k) *zerstören* ________ l) *verletzen* ________

m) *erkennen* ________ n) *suchen* ________

o) *fangen* ________ p) *verhaften* ________

q) *verhören* ________ r) *bemerken* ________

198 ★★

Setzen Sie ein passendes Wort zur **Moral** aus dem Kasten ein.

believe ▪ truth ▪ honest ▪ forgive ▪ regrets ▪ apologize ▪ promise

a) Why didn't you tell me the ____________________?

b) Mum told me to always be ____________________.

c) A lot of people ____________________ in God.

d) Valentin ____________________ not having done his exercises.

e) I think you should ____________________ for being late.

f) I ____________________ to be back at 10 o'clock.

g) I'm sorry, please ____________________ me.

199 ★★

Für die **Person** und deren **Glaubensrichtung** gilt im Englischen ein Begriff. Er steht mit vertauschten Buchstaben hinter der Linie.

a) *Katholik/in, katholisch* ____________________ (licthoca)

b) *Protestant/in, protestantisch* ____________________ (testantpro)

c) *Anglikaner/in, anglikanisch* ____________________ (liangcan)

d) *Hindu, hinduistisch* ____________________ (dunih)

e) *Buddhist/in, buddhistisch* ____________________ (histubdd)

f) *Muslim/in, muslimisch* ____________________ (limsum)

Religionszugehörigkeiten werden im Englischen großgeschrieben:

I'm Christian. – *Ich bin Christ/in.*
The Queen is the head of the Anglican Church. – *Die Queen ist das Oberhaupt der anglikanischen Kirche.*
There are a lot of Jewish people in New York. – *Es gibt viele Juden in New York.*

Wirtschaft und Finanzen

200 ★

Finden Sie in der Wortschlange zehn Begriffe aus **Industrie und Handwerk** und schreiben Sie sie neben die deutschen Entsprechungen.

factorymachineproducerindustrytr
adeproductcraftresourceminerobot

a) *Produkt* ____________ **b)** *Maschine* ____________

c) *Branche* ____________ **d)** *Handwerk* ____________

e) *Gewerbe* ____________ **f)** *Bergwerk* ____________

g) *Rohstoff* ____________ **h)** *Roboter* ____________

i) *Hersteller* ____________ **j)** *Fabrik* ____________

201 ★★

Benennen Sie folgende Produkte aus der **Landwirtschaft**.

a) ____________

b) ____________

c) ____________

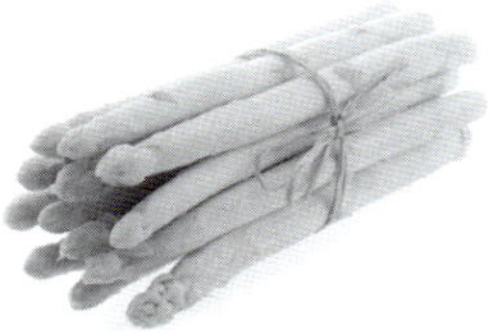

d) ____________

e) ____________

f) ____________

g) ____________

h) ____________

i) ____________

202 ★★

Welche Begriffe rund ums **Getreide** haben sich in der Buchstabenschlange versteckt? Kreisen Sie sie ein und ordnen Sie die deutschen Wörter zu.

Weizen ▪ *Roggen* ▪ *Aussaat* ▪ *Getreide* ▪ *Ernte* ▪ *Mais* ▪ *Gerste* ▪ *Hafer*

a) (c a n r o c o r n a r c) ______________________

b) (t o a s t o a t s a n t o) ______________________

c) (y e l l e r r y e s e n y) ______________________

d) (t e a w h e a t h a t e) ______________________

e) (p o r c r e c r o p t e l) ______________________

f) (z a m m a i z e m z) ______________________

g) (l a y e b a l b a r l e y) ______________________

h) (s o w i n g e n t e l s e p t) ______________________

203 ★★

Im **Handel** sind folgende Verben nützlich. Übersetzen Sie.

a) offer ______________ b) sell ______________

c) deliver ______________ d) buy ______________

e) cost ______________ f) pay ______________

g) go down ______________ h) save ______________

i) deal (in) ______________ j) spend ______________

§

Im Unterschied zum Deutschen wird im Englischen bei der Währung im Plural ein **-s** angehängt:

Fünf Euro sind **five euros**, *zehn Pfund* sind **ten pounds**, *zwei Dollar* sind **two dollars**.

204 ★★

Hier geht es ums **Geld**. Wählen Sie ein sinnvolles Satzende.

a) My account is ...
- ☐ **A** overdrawn.
- ☐ **B** overwhelmed.

b) It's important to ...
- ☐ **A** save some money.
- ☐ **B** send some money.

c) Sign the ...
- ☐ **A** charge, please.
- ☐ **B** cheque, please.

d) I wish I could live ...
- ☐ **A** by the deposit.
- ☐ **B** off the interest.

e) How much do I ...
- ☐ **A** awe you?
- ☐ **B** owe you?

f) Excuse me, where is the next ...
- ☐ **A** cash machine?
- ☐ **B** banknote?

!

Verwechseln Sie **lend** – *leihen* nicht mit **borrow** – *sich (aus)leihen*!
Can you lend me some money? *Kannst Du mir Geld leihen?*
Can I borrow your car? *Kann ich mir dein Auto ausleihen?*

205 ★★★

Finden Sie in der Wortschlange Wörter, die Sie bei einem **Bankbesuch** gut gebrauchen können. Ordnen Sie sie richtig zu.

interestredebtoloansavingstaccountucoinewithdrawpcashetransferdbanknotech

a) *überweisen* ______________

b) *Bargeld* ______________

c) *Schulden* ______________

d) *Münze* ______________

e) *Konto* ______________

f) *Geldschein* ______________

g) *Ersparnisse* ______________

h) *abheben* ______________

i) *Darlehen* ______________

j) *Zinsen* ______________

206 ★★★

Setzen Sie neun Wörter zur **Wirtschaft** ein und Sie erhalten das Lösungswort für j).

a) *Macht*
b) *Übernahme*
c) *Strategie*
d) *Händler/in*
e) *Zentrale*
f) *Wachstum*
g) *Risiko*
h) *gründen*
i) *Erfolg*

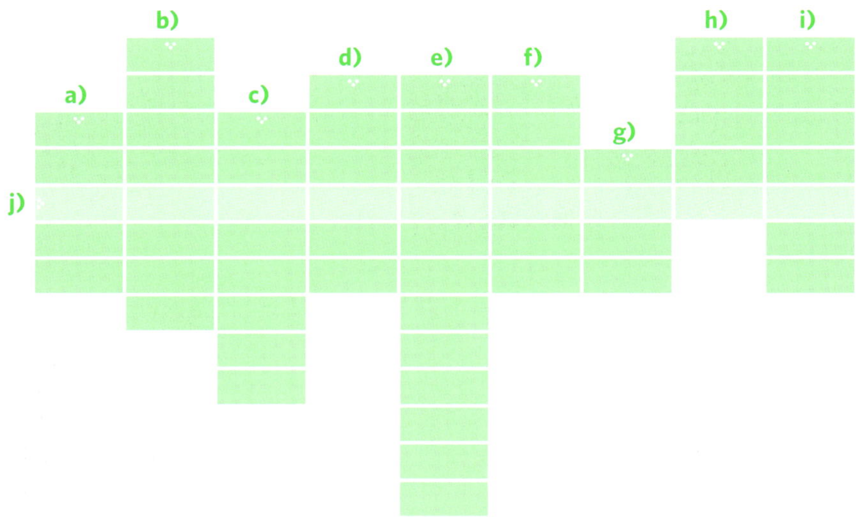

Lösungswort j): ____________ **Deutsch:** ____________

207 ★★★

Bilden Sie aus den Silben die fehlenden Wörter rund um **Europa**.

coope • Mone • trade • eco • rency • cur • tary • ration • mon • nomy • com

a) European ____________ Union *(europäische Währungsunion)*
b) no common ____________ *(keine gemeinsame Währung)*
c) state of the ____________ *(wirtschaftliche Lage)*
d) ____________ agreement *(Handelsabkommen)*
e) ____________ agricultural policy *(gemeinsame Agrarpolitik)*
f) international ____________ *(internat. Zusammenarbeit)*

Kommunikation und Medien

208 ★

Wählen Sie das passende Wort zum Bild aus.

card ▪ letters ▪ postcard ▪ parcel ▪ stamp ▪ address ▪ letterbox ▪ post office

a) ______________________

b) ______________________

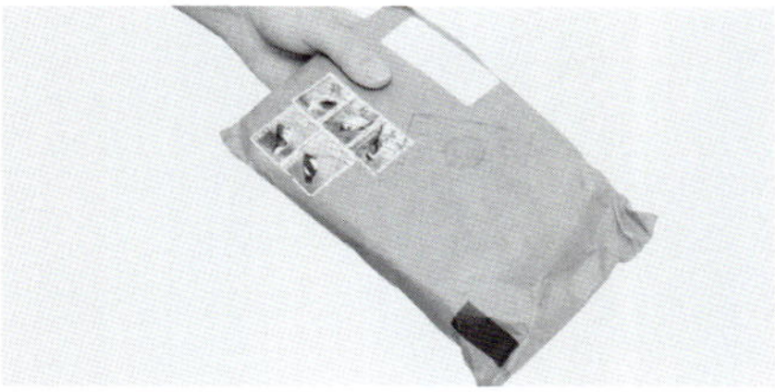

c) ______________________

d) ______________________

209 ★

Was gehört zu einem adressierten **Brief**? Übersetzen Sie.

a) envelope ______________________

b) receiver ______________________

c) sender ______________________

d) address ______________________

e) postcode ______________________

f) P.O.box ______________________

! Achten Sie auf die richtige Schreibweise im Englischen: *Adresse* – **address**

210 ★★

Suchen Sie im Wortgitter zehn Wörter zum Thema **Computer** und ordnen Sie sie den deutschen Begriffen zu.

D	E	L	E	T	E	F	T	B	U	R	N
S	P	R	I	N	T	A	V	I	R	U	S
R	E	V	L	U	P	G	R	A	D	E	Z
U	S	A	V	E	L	S	C	R	E	E	N
T	R	U	N	T	N	E	T	W	O	R	K
C	H	E	L	V	P	R	I	N	T	E	R
N	U	K	E	Y	B	O	A	R	D	O	W

a) *Bildschirm* ____________

b) *drucken* ____________

c) *Tastatur* ____________

d) *speichern* ____________

e) *Drucker* ____________

f) *löschen* ____________

g) *Virus* ____________

h) *brennen* ____________

i) *Netzwerk* ____________

j) *aufrüsten* ____________

211 ★★

Welche englischen **Abschlussformeln eines Briefes oder einer E-Mail** stecken hinter diesem Buchstabensalat?

a) yusor crlsineey – ____________

b) ese uyo – ____________

c) lveo – ____________

d) tebs hwisse – ____________

e) stol fo lveo – ____________

f) thiw nkid eragrsd – ____________

212

★★

Was sagen Sie am Telefon, ...

a) ... wenn Sie wissen möchten, wer am Apparat ist?

- ☐ **A** Where are you?
- ☐ **B** Who's speaking, please?
- ☐ **C** My name is ... .

b) ... wenn Sie eine Nachricht hinterlassen möchten?

- ☐ **A** Can I leave a message?
- ☐ **B** Did you leave a message?
- ☐ **C** Can he call me back?

c) ... wenn der Anrufer warten soll?

- ☐ **A** The connection is very bad.
- ☐ **B** I'll call you back later.
- ☐ **C** Just a moment, please.

d) ... wenn Sie den Anrufer durchstellen möchten?

- ☐ **A** I'll put you through.
- ☐ **B** I'll put the phone down.
- ☐ **C** Can you call back?

e) ... wenn Sie gerade keine Zeit haben und später zurückrufen möchten?

- ☐ **A** I can't understand you, it's a bad line.
- ☐ **B** Sorry, I'm busy at the moment. Can I call you back?
- ☐ **C** I'm afraid you're number is always engaged.

Hier sind einige Abkürzungen, die Sie beim Verschicken einer privaten SMS auf Englisch benutzen können:

gr8 → great – *klasse* **asap → as soon as possible** – *so bald wie möglich*
CU → see you – *tschüs* **np → no problem** – *kein Problem*

213 ★★

Verbinden Sie die Sätze mit ihrer Übersetzung.

a) Delete the comments.	___	**A** Mein Computer ist abgestürzt.
b) The printer is off.	___	**B** Löschen Sie die Kommentare.
c) I get a lot of spam.	___	**C** Ich brauche eine neue Festplatte.
d) My computer crashed.	___	**D** Ich würde den Text lieber speichern.
e) How can I undo it?	___	**E** Ich bekomme viele Spammails.
f) Who checked the spelling?	___	**F** Der Drucker ist aus.
g) I'd rather save the text.	___	**G** Wie wär's mit Kopieren und Einfügen?
h) I need a new hard disk.	___	**H** Wer hat die Rechtschreibung geprüft?
i) What about copy and paste?	___	**I** Wie kann ich das rückgängig machen?

214 ★★★

Im Kasten finden Sie zwölf Begriffe zu **Büchern und Zeitschriften** mit vertauschten Buchstaben. Ordnen Sie sie richtig zu.

gepa • ticarel • letti • pocy • lineehad • ziengama • temmonc • serps • vertmentadise • churerob • teprach • persewanp

a) *Zeitung*	____________	**b)** *Zeitschrift*	____________
c) *Seite*	____________	**d)** *Kapitel*	____________
e) *Prospekt*	____________	**f)** *Artikel*	____________
g) *Kommentar*	____________	**h)** *Werbung*	____________
i) *Schlagzeile*	____________	**j)** *Titel*	____________
k) *Presse*	____________	**l)** *Exemplar*	____________

215 ★★★

Lösen Sie das Kreuzworträtsel und Sie erhalten das Lösungswort p) aus dem Bereich **Fernsehen**.

a) ~~*Nachrichten*~~
b) ~~*Bericht*~~
c) *(Film) anschauen*
d) *Schauspieler*
e) *Kopfhörer*
f) *Kino*
g) *Sendung (BE)*
h) *Film*
i) *Fernbedienung*
j) *Werbespot*
k) *Dokumentarfilm*
l) *Regisseur/in*
m) *Seifenoper*
n) *Fernsehserie/n*
o) *Schauspielerin*

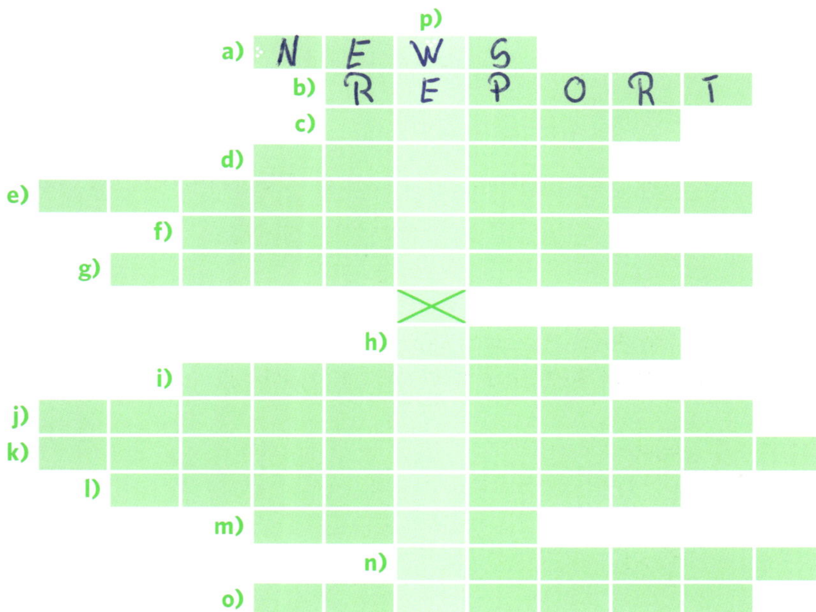

Lösungswort p): ____________ ____________

Deutsch: ________________________

!

Wenn Sie von einer Sendung im Fernsehen sprechen, benutzen Sie **programme** *(BE)*, **program** *(AE)*: **I like this programme**. – *Ich mag diese Sendung.*

Wenn Sie auf ein anderes Programm im Fernsehen umschalten wollen, benutzen Sie **channel**: **Let's change the channel**. – *Lass uns umschalten.*

Zahlen

216 ★

Schreiben Sie in jeder Reihe das fehlende **Zahlwort** auf.

a)	four	five	six	______
b)	nine	ten	______	twelve
c)	______	three	four	five
d)	twelve	______	fourteen	fifteen
e)	seventeen	eighteen	nineteen	______

217 ★

Schreiben Sie die **Zahlen** zu den Wörtern aus dem Kasten der Reihe nach auf.

sixty-seven • sixteen • forty • ninety-three • fifty-six • eighty-nine • twenty-five • seventy-eight • ninety-one • one hundred and eleven • two million • four hundred and fifty-two • thirty • forty-four • six hundred and seventy-six

a) ______ **b)** ______ **c)** ______

d) ______ **e)** ______ **f)** ______

g) ______ **h)** ______ **i)** ______

j) ______ **k)** ______ **l)** ______

m) ______ **n)** ______ **o)** ______

one million – *eine Million*, aber: **one billion** – *eine Milliarde*

!

Achten Sie auf die Schreibweisen:
four (4), aber: **forty** (40); **five** (5), aber: **fifty** (50)

218 ★★

Im Wortgitter sind zehn **Ordnungszahlen** versteckt. Kreisen Sie sie ein und ordnen Sie die Wörter richtig zu.

S	T	W	E	N	T	Y	-	S	E	C	O	N	D
F	I	F	T	H	D	E	N	E	F	I	R	S	T
S	H	A	L	F	O	R	T	I	E	T	H	E	G
P	S	E	C	O	N	D	T	W	E	L	F	T	H
C	O	T	H	I	R	T	Y	-	F	I	R	S	T
T	W	E	N	T	I	E	T	H	C	A	M	E	N
R	E	L	E	V	E	N	T	H	T	H	I	R	D

a) 1st ______________ **b)** 2nd ______________

c) 3rd ______________ **d)** 5th ______________

e) 11th ______________ **f)** 12th ______________

g) 20th ______________ **h)** 22nd ______________

i) 31st ______________ **j)** 40th ______________

219 ★★

Setzen Sie die richtigen Übersetzungen zusammen.

a) eins Komma drei ___ **A** three quarters

b) drei Viertel ___ **B** one third

c) null Komma null drei ___ **C** one point three

d) ein Drittel ___ **D** one half

e) ein Halbes ___ **E** nought point nought three

!

Wörter für die 0 sind: **zero** – *Null* und **nought** – *Null* (bei Dezimalzahlen) in der Mathematik, **oh** – *Null* (bei Telefonnummern, Postleitzahlen), **no points** – *null Punkte,* **nil nil** (0:0) – *null zu null*, 40-**love** – 40 zu *null* (Tennis)
Und: Dezimalzahlen werden mit Punkt geschrieben! *2,5* – **2.5 (two point five)**

Uhrzeit

220 ★

Setzen Sie die **Zeitbegriffe** richtig ein.

minutes ▪ o'clock ▪ half an hour ▪ seconds ▪ hours

a) A day has 24 ______________________.

b) An hour has 60 ______________________.

c) There are 60 ______________________ in a minute.

d) What's the time? It's four ______________________.

e) ______________________ is 30 minutes.

!

Uhr heißt **clock**, aber *Armbanduhr* heißt **watch**!

Englische Uhren zählen meistens 2x 12 Stunden. Für genaue Zeitangaben werden **a.m.** (lat. ante meridiem – *vor dem Mittag*) und **p.m.** (lat. post meridiem – *nach dem Mittag*) hinzugefügt.

221 ★

Wie nennt man die verschiedenen **Tageszeiten**? Die Lösungen stehen mit vertauschten Buchstaben hinter der Linie.

a) *Morgen* ______________________ (ginronm)

b) *Mittag* ______________________ (onon)

c) *Nachmittag* ______________________ (trenonoaf)

d) *Abend* ______________________ (veegnin)

e) *heute Abend* ______________________ (thintog)

f) *Nacht* ______________________ (gniht)

222 ★★

Wie spät ist es? Schreiben Sie die **Uhrzeiten** in Worten auf. Benutzen Sie die Wörter aus dem Kasten.

nine ▪ twenty ▪ quarter past ▪ ten ▪ o'clock ▪ three ▪ half past ▪ one (2x) ▪ to (2x) ▪ quarter to ▪ six ▪ twenty-five

a) *It's* ____________________

b) *It's* ____________________

c) *It's* ____________________

d) *It's* ____________________

e) *It's* ____________________

f) *It's* ____________________

Uhrzeiten können auch so gelesen werden:

13:15 – **It's one fifteen.** 4:30 – **It's four thirty.** 18:00 – **It's six.**

Wochentage, Monate, Jahreszeiten

223 ★

Setzen Sie die **Wochentage** aus dem Kasten richtig ein.

~~Sunday~~ ▪ ~~Wednesday~~ ▪ ~~Tuesday~~ ▪ ~~Thursday~~ ▪ ~~Monday~~

a) The day after Sunday is Monday

b) Two days before Friday is Thursday

c) Monday is followed by Tuesday

d) Five days after Saturday is Wednesday

e) The day before Monday is Sunday

!

Es heißt:	**on Friday** – *am Freitag*
aber:	**at the weekend** – *am Wochenende*
und:	**in the morning** – *am Morgen*

Beachten Sie: Wochentage und Monate schreibt man groß: **9th April, 2014**

224 ★

Je drei **Monate** gehören einer **Jahreszeit** an. Ordnen Sie sie zu.

~~October~~ ▪ ~~March~~ ▪ ~~July~~ ▪ ~~December~~ ▪ ~~August~~ ▪ ~~January~~ ▪ ~~November~~ ▪
~~June~~ ▪ ~~February~~ ▪ ~~April~~ ▪ ~~September~~ ▪ ~~May~~

a) spring: March | April | May

b) summer: July | June | August

c) autumn: November | october | September

d) winter: ~~November~~ February | December | January

Das Wort für *Jahreszeit* heißt **season**. Oft sieht man Karten mit **Season's Greetings**. Das aber sind *Frohe Festtage* oder *Frohe Weihnachten!*

Datum und Zeitangaben

225 ★

Finden Sie waagerecht neun Wörter zum Thema **Zeitangaben** und Sie erhalten das Lösungswort.

B	R	E	N	T	O	D	A	Y	L
T	U	E	Y	E	A	R	E	W	T
H	A	N	G	E	S	L	A	S	T
W	E	E	K	C	H	E	M	P	S
T	R	O	L	N	E	X	T	T	Y
A	L	D	A	Y	B	E	I	L	P
E	C	E	N	T	D	A	T	E	Z
T	O	M	O	R	R	O	W	E	L
P	L	E	N	U	M	O	N	T	H

a) *Jahr* __________ (1. Buchstabe ☐)

b) *nächste/r/s* __________ (2. Buchstabe ☐)

c) *letzte/r/s* __________ (3. Buchstabe ☐)

d) *Monat* __________ (4. Buchstabe ☐)

e) *Woche* __________ (2. Buchstabe ☐)

f) *morgen* __________ (5. Buchstabe ☐)

g) *heute* __________ (3. Buchstabe ☐)

h) *Datum* __________ (2. Buchstabe ☐)

i) *Tag* __________ (3. Buchstabe ☐)

Lösungswort:

a)	b)	c)	d)	e)	f)	g)	h)	i)

Vorgestern heißt **the day before yesterday** und *übermorgen* **the day after tomorrow**.

226 ★★

Bei **Terminvereinbarungen** können folgende kleine Wörter nützlich sein. Setzen Sie sie richtig ein.

as soon as ▪ late ▪ about ▪ from ... to ▪ two days ago ▪ until

a) What about six o'clock? – No, that's too __________.

b) I'll be in the cafeteria __________ twelve __________ one.

c) Nora asked her __________.

d) You can reach me __________ 8 o'clock.

e) We could meet in __________ 20 minutes.

f) Please talk to Mum __________ possible.

227 ★★

Schreiben Sie auf, wie die folgenden **Daten** im Englischen *(BE)* **gelesen** und **gesprochen** werden?

a) 4th July — *the fourth of July*

b) 13th May __________

c) 27th October __________

d) 1st April __________

e) 26th December __________

f) 22nd March __________

g) 12th January __________

Das Datum kann man im **British English** *(BE)* auch so schreiben:
07/04 – the seventh of April.

Im **American English** *(AE)* ist es genau anders herum:
04/07 – the seventh of April.

228 ★★

Welcher **Zeitbegriff** fehlt in den Lücken? Kreuzen Sie an.

a) Would you like to go for a walk ... tea?

☐ **A** during

☐ **B** after

b) Susan and I have met ..., in 1984 and in 2013.

☐ **A** twice

☐ **B** once

c) If I pass the exam, I'll call you ... .

☐ **A** now

☐ **B** immediately

d) Young people don't smoke a lot ... .

☐ **A** next time

☐ **B** nowadays

229 ★★★

Verbinden Sie die Sätze mit ihren Übersetzungen.

a) Where have you been lately?	___	**A** Wo warst du schon?
b) Where have you already been?	___	**B** Wo warst du zuerst?
c) Have you ever been here?	___	**C** Wo warst du damals?
d) Have you been there yet?	___	**D** Warst du schon mal hier?
e) Where were you back then?	___	**E** Wo warst du in letzter Zeit?
f) Where were you at first?	___	**F** Warst du dort schon?

Maße und Größen

230 ★★

Setzen Sie ein passendes Adjektiv aus dem Kasten ein.

~~small~~ • ~~large~~ • ~~tall~~ • ~~short~~ • ~~long~~ • wide • narrow • huge

a) eine kleine Person	*a* tall *person*
b) eine riesiges Gebäude	*a* ~~large~~ huge *building*
c) fünf Meter breit	*five metres*
d) eine große Frau	*a* large *woman*
e) eine große Tasse Kaffee	*a* ___ *cup of coffee*
f) ein enger Weg	*a* small *path*
g) kurzes Haar	short *hair*
h) eine lange Nacht	*a* long *night*

231 ★★★

Wählen Sie für die **Maßeinheiten** die richtigen Angaben.

a) 1 pint is	☐ **A** 0.568 l	*or*	☐ **B** 0.468 l
b) 1 gallon is	☐ **A** 4.546 l	*or*	☐ **B** 45.46 l
c) 1 foot is	☐ **A** 48.30 cm	*or*	☐ **B** 30.48 cm
d) 1 mile is	☐ **A** 1.609 km	*or*	☐ **B** 1.906 km
e) 1 inch is	☐ **A** 4.25 cm	*or*	☐ **B** 2.54 cm
f) 1 yard is	☐ **A** 91.44 cm	*or*	☐ **B** 44.91 cm
g) 1 barrel (oil) *(BE)* is	☐ **A** 111.91 l	*or*	☐ **B** 159.11 l

Mengen und Gewichte

232 ★★

Sortieren Sie die Lebensmittel richtig ein. Die Zahl in Klammern sagt Ihnen, wie viele Begriffe in die Kategorie gehören.

biscuits ▪ chocolate ▪ water ▪ tea ▪ orange juice ▪ tuna ▪ baked beans ▪ bread ▪ sweets ▪ wine ▪ pet food

a packet of (2)	**a can of** (3)	**a bottle of** (3)

a loaf of (1)	**a bar of** (1)	**a bag of** (1)

§

Nicht zählbare Dinge benötigen in der Regel eine **Mengeneinheit**. Das kann z. B. eine Gewichtsangabe sein oder eine Verpackung: **two kilograms of rice** – *zwei Kilo Reis*, **a packet of flour** – *ein Päckchen Mehl*, **a box of eggs** – *eine Schachtel Eier* etc.

233 ★★

Schreiben Sie Gegensatzpaare auf.

empty ▪ more ▪ everything ▪ full ▪ less ▪ nothing ▪ light ▪ few ▪ lots of ▪ heavy

a) ________________ *and* ________________

b) ________________ *and* ________________

c) ________________ *and* ________________

d) ________________ *and* ________________

e) ________________ *and* ________________

234 ★★★

Setzen Sie zehn Wörter ein und Sie erhalten das Lösungswort für k).

a) *Liter (BE)* **b)** *Pfund* **c)** *mehrere*
d) *reichlich, viel* **e)** *ganz* **f)** *Stück*
g) *(ein) bisschen* **h)** *wiegen* **i)** *Hälfte* **j)** *Tonne*

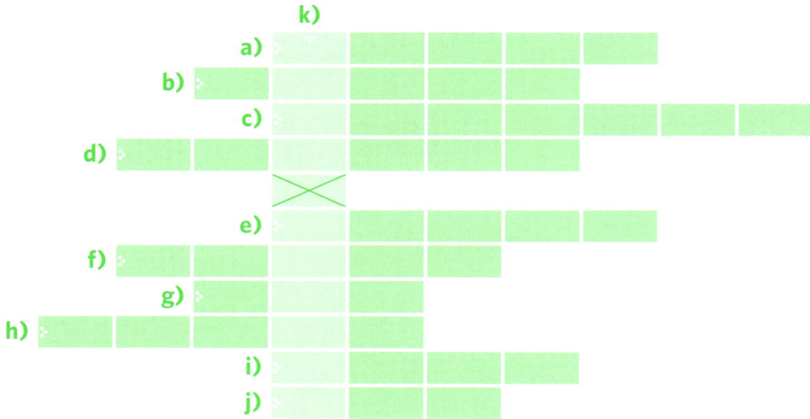

Lösungswort k): ______________ ______________

235 ★★★

Setzen Sie **much**, **many** oder **a lot of** ein.

a) There were ______________ people at the market yesterday.

b) My brother doesn't have ______________ friends.

c) These flowers don't need ______________ water.

d) How ______________ boxes did you buy at Harrods?

e) My uncle owns ______________ houses in the city centre.

f) How ______________ money do we need for the tickets?

§

A lot of – *viel, viele* benutzt man in positiven Aussagesätzen.
Much – *viel* und **many** – *viele* stehen in Fragen und verneinten Sätzen.

Farben und Formen

236 ★

Verbinden Sie eine **Farbe** aus dem linken Kasten mit einem Begriff aus der Natur aus dem rechten Kasten und schreiben Sie sie unter das passende Bild.

brown • blue • pink • black • purple • green • yellow • white • red

bear • pig • raven • sky • plum • gras • banana • dove • strawberries

a) red strawberies

b) blue sky

c) Yellow banana

d) brown bear

e) green gras

f) black raven

g) purple plum

h) white dove

i) pink pig

237 ★★

Weitere nützliche Wörter zur Bestimmung einer **Farbe** stehen mit vertauschten Buchstaben hinter Linie.

a) *blass, zart* ______________________ (a l e p)

b) *hell* ______________________ (g h i t l)

c) *dunkel* ______________________ (r a k d)

d) *bunt* ______________________ (l u f l o c o r u)

e) *leuchtend, hell* ______________________ (t i b r h g)

238 ★★

Welche Begriffe für **Formen** können zu folgenden Dingen passen?

a) full moon

☐ **A** round

☐ **B** long

b) bottle neck

☐ **A** narrow

☐ **B** square

c) door

☐ **A** rectangle

☐ **B** triangle

d) ruler

☐ **A** straight

☐ **B** round

e) windows

☐ **A** square

☐ **B** short

f) half a cake

☐ **A** circle

☐ **B** semicircle

Vergleiche

239 ★

Stellen Sie **Vergleiche** an.

bigger ▪ deeper ▪ hotter ▪ cheaper ▪ older ▪ faster ▪ smaller ▪ easier

a) An adult is ____________________ than a teenager.

b) An elephant is ____________________ than a bear.

c) A village is ____________________ than a city.

d) A bike is ____________________ than a car.

e) A plane is ____________________ than a train.

f) A lake is ____________________ than a pond.

g) In Africa it is ____________________ than in Europe.

h) Learning English is ____________________ than learning Chinese.

240 ★★

Übersetzen Sie die unterstrichenen Wörter.

a) Queen Elizabeth II is <u>more famous than</u> the Prime Minister.

____

b) Snakes are <u>more dangerous than</u> mice.

____

c) A thriller is <u>more exciting than</u> a documentary.

____

d) Staying in a hotel is <u>more expensive than</u> staying at a camping site.

____

241

★★

Verbinden Sie miteinander.

a) partly	___	**A** kaum
b) exactly	___	**B** ganz
c) hardly	___	**C** genug
d) nearly	___	**D** anders
e) enough	___	**E** sogar
f) different	___	**F** fast
g) even	___	**G** genau
h) quite	___	**H** teilweise

242

★★

Finden Sie im Wortgitter weitere Wörter, die Ihnen beim **Vergleichen** helfen, und ordnen Sie sie richtig zu.

P	S	A	M	E	W	R	E	S	T	E	N
T	U	L	L	A	L	S	O	M	U	S	T
L	U	C	O	M	P	A	R	E	P	Y	E
G	R	A	N	T	S	H	E	V	E	R	Y
A	V	E	R	A	G	E	C	K	E	R	L
P	L	O	R	L	I	K	E	W	A	Y	N
V	O	N	L	Y	L	U	M	I	N	O	L
E	X	D	I	F	F	E	R	E	N	C	E

a) *einzige/r/s* ______________

b) *vergleichen* ______________

c) *sehr* ______________

d) *der-/die-/dasselbe* ______________

e) *wie* ______________

f) *Unterschied* ______________

g) *auch* ______________

h) *Durchschnitt* ______________

243 ★★★

Vervollständigen Sie die Wendungen.

a) die größten Probleme — *the* ________ *problems*

b) so vorsichtig wie — ________ *careful* ________

c) nicht so langsam wie — ________ *slow* ________

d) der sonnigste Tag — *the* ________ *day*

e) glücklicher als — ________ *than*

f) nicht so langweilig wie — ________ *boring* ________

g) am interessantesten — ________ *interesting*

§

Einsilbige Adjektive steigert man mit -**er** und -**est**: **old - older - oldest**.
Zweisilbige Adjektive, die nicht auf -**y** enden und drei- und mehrsilbige Adjektive steigert man mit **more** und **most**: **beautiful - more beautiful - most beautiful.**
Nützlich für Vergleiche ist auch die Konstruktion mit **(not) as ... as** - *(nicht) so ... wie.*

244 ★★★

Suchen Sie die passenden Wörter aus der Wortschlange aus.

betterfarbadleastbestworsefart
herlittlegoodfarthestlessworst

a) gut - besser - am besten

____

b) schlecht - schlechter - am schlechtesten

____

c) wenig - weniger - am wenigsten

____

d) weit - weiter - am weitesten

____

Modalausdrücke

245 ★★

Schreiben Sie die **Modalverben** neben ihre deutschen Bedeutungen.

need ▪ may ▪ should ▪ not have to ▪ mustn't ▪ can ▪ needn't ▪ can't ▪ must ▪ shouldn't

a) *müssen* ______ **b)** *nicht müssen* ______

c) *dürfen* ______ **d)** *nicht dürfen* ______

e) *können* ______ **f)** *nicht können* ______

g) *brauchen* ______ **h)** *nicht brauchen* ______

i) *sollten* ______ **j)** *nicht sollten* ______

!

Must heißt *müssen*, **not have to** heißt *nicht müssen*. **Mustn't** heißt *nicht dürfen*!
You mustn't use your mobile here. – *Sie dürfen Ihr Handy hier nicht benutzen.*

246 ★★

Welche Ersatzformen gehören zu welchen **Modalverben**?

a) be able to ___ **A** should

b) have to ___ **B** must

c) be allowed to ___ **C** may

d) be supposed to ___ **D** can

e) not be allowed to ___ **E** needn't

f) not have to ___ **F** mustn't

§

Ersatzformen braucht man, weil man Modalverben nicht in andere Zeiten setzen kann.
We may smoke here. – *Wir dürfen hier rauchen.* / **We mustn't smoke here.** – *Wir dürfen hier nicht rauchen.*
We were not allowed to smoke there. – *Wir durften dort nicht rauchen.*

247 Wie muss es richtig heißen?

★★

a) You don't have to pay for the drinks.

- ☐ **A** *Sie müssen die Getränke nicht bezahlen.*
- ☐ **B** *Sie können die Getränke nicht bezahlen.*

b) You mustn't use your mobile here.

- ☐ **A** *Sie können Ihr Handy hier nicht benutzen.*
- ☐ **B** *Sie dürfen Ihr Handy hier nicht benutzen.*

c) We needn't take an umbrella.

- ☐ **A** *Wir brauchen keinen Regenschirm mitzunehmen.*
- ☐ **B** *Wir sollen keinen Regenschirm mitnehmen.*

d) You should be careful.

- ☐ **A** *Du musst vorsichtig sein.*
- ☐ **B** *Du solltest vorsichtig sein.*

§

Modalverben stehen im Englischen immer mit einem Vollverb im Satz. Im Deutschen können sie auch alleine stehen. Vergleichen Sie:
I can speak Englisch. – *Ich kann Englisch (sprechen).*
You may go home. – *Du darfst nach Hause (gehen).*

248 Übersetzen Sie die Sätze.

★★★

a) *May I ask you a question?* ______________________

b) *You needn't answer me.* ______________________

c) *Will you be able to bring Joe?* ______________________

d) *You mustn't forget to phone him.* ______________________

e) *He doesn't have to bring a present.* ______________________

249 ★★★

Setzen Sie die richtigen **Modalverben** oder Ersatzformen ein.

won't be allowed ▪ will have to ▪ shouldn't ▪ wasn't able to ▪ had to ▪ will be able to ▪ were able to ▪ needn't

a) The politicians ________________ (can) find a solution last weekend.

b) My children ________________ (not may) to stay overnight next Saturday.

c) The teenagers ________________ (must) clean the youth club tomorrow.

d) I hope I ________________ (can) walk until I'm very old.

e) They ________________ (not should) have told you.

f) You ________________ (not need) bring anything. Just come, please.

g) I ________________ (not can) talk to her yesterday.

h) I ________________ (must) call the doctor. She was seriously ill.

250 ★★★

Verbinden Sie die englischen und deutschen Sätze richtig miteinander.

a) I wasn't able to listen.	___ A Ich werde nicht zuhören können.
b) I shouldn't have listened.	___ B Ich konnte nicht zuhören.
c) I didn't have to listen.	___ C Ich sollte nicht zuhören.
d) I wasn't allowed to listen.	___ D Ich hätte nicht zuhören sollen.
e) I won't be able to listen.	___ E Ich musste nicht zuhören.
f) I wasn't supposed to listen.	___ F Ich werde zuhören dürfen.
g) I'll be allowed to listen.	___ G Ich durfte nicht zuhören.

1

Lösungen

2

Wortverzeichnis

DIE EIGENE PERSON

Sich vorstellen

1.

a) C, **b)** F, **c)** D, **d)** B, **e)** A, **f)** E

2.

a) A, **b)** B, **c)** C

Aussehen

3.

young and old, beautiful and ugly, fat and thin, dark and fair, tall and short

4.

a) girls, **b)** women, **c)** boys, **d)** men, **e)** people, **f)** babies

5.

a) D, **b)** A, **c)** B, **d)** C, **e)** A, **f)** A, **g)** D, **h)** A

6.

a) beard, **b)** similar, **c)** haircut, **d)** little, **e)** good-looking, **f)** slim, **g)** moustache

Gefühle und Stimmungen

7.

Positiv: pleased, funny, pleasant, nice, grateful, glad

Negativ: unhappy, awful, scary, upset, furious, mad

8.

a) B, **b)** F, **c)** E, **d)** A, **e)** D, **f)** C, **g)** G

9.

aufgeregt – excited, verrückt – mad, Stimmung – mood, bevorzugen – prefer, dankbar – grateful, hassen – hate, bedauern – regret, traurig – sad, vermissen – miss, sich Sorgen machen – worry

M	O	O	D	A	W	O	R	R	Y
E	G	R	A	T	E	F	U	L	T
P	R	E	X	C	I	T	E	D	L
O	M	A	D	O	X	H	A	T	E
L	U	S	R	E	G	R	E	T	O
S	A	D	U	M	M	I	S	S	I
R	U	P	R	E	F	E	R	E	M

10.

b) shock – Schock, **c)** fun – Spaß, **d)** feeling – Gefühl, **e)** happiness – Glück, **f)** horror – Horror, **g)** satisfaction – Zufriedenheit, **h)** hope – Hoffnung

11.

a) erfreut, **b)** mag mich sehr, **c)** überrascht, **d)** enttäuschend, **e)** besorgt, **f)** traurig, **g)** geben mir die Schuld, **h)** besorgt

12.

a) delighted, very pleased, **b)** be afraid of, be scared of, **c)** furious, angry, **d)** mad, crazy

Charakter und Verhalten

13.

a) B, **b)** C, **c)** A, **d)** B, **e)** B, **f)** C, **g)** C, **h)** A

14.

Positiv: kind, polite, patient, friendly, nice, brave

Negativ: impolite, lazy, rude, boring, grumpy, silly

15.

a) D, **b)** F, **c)** A, **d)** G, **e)** H, **f)** E, **g)** B, **h)** C

16.

a) pleasant, **b)** bright, **c)** fascinating, **d)** gentle, **e)** determined, **f)** brave, **g)** enjoyable, **h)** peaceful, **i)** self-assured, **j)** popular

17.

a) B, **b)** C, **c)** A, **d)** A, **e)** B

18.

A	R	E	S	T	U	P	I	D	E
B	A	C	T	I	V	E	I	T	S
C	A	B	O	R	I	N	G	O	R
T	H	U	N	P	O	L	I	T	E
L	O	U	D	A	U	W	N	E	M
P	U	N	C	N	O	R	M	A	L
U	V	I	O	L	E	N	T	E	N
A	S	C	A	R	E	L	E	S	S

stupid – clever, active – passive, boring – interesting, polite – impolite, loud – quiet, normal – crazy, violent – peaceful, careless – careful

19.

a) nicer, **b)** cleverer, **c)** more careful, **d)** more patient, **e)** more determined, **f)** more self-confident

ZU HAUSE

Wohnung und Haus

20.

a) flat, **b)** detached house, **c)** semi-detached house, **d)** terraced house, **e)** cottage, **f)** skyscraper, **g)** farmhouse

21.

b) own, **c)** build, **d)** step, **e)** lift, **f)** ring, **g)** enter

22.

E	W	A	L	L	I	S	H	Y	M
P	R	O	M	S	T	A	I	R	S
D	O	O	R	W	E	U	R	P	A
N	I	W	I	N	D	O	W	O	N
R	O	O	F	S	U	S	T	E	P
A	K	E	Y	V	L	I	G	H	T
L	E	W	H	E	A	T	I	N	G
S	B	E	L	L	U	R	W	I	H

23.

a) let, **b)** unfurnished, **c)** flat, **d)** room, **e)** toilet, **f)** heating, **g)** near, **h)** rent, **i)** bills, **j)** preferred, **k)** pets

Balkon, Terrasse, Garten

24.

a) C, **b)** G, **c)** H, **d)** F, **e)** B, **f)** D, **g)** E, **h)** A

25.

a) gardener, **b)** flower box, **c)** lawn, **d)** back garden, **e)** bench, **f)** barbecue, **g)** gardening

26.

a) C, **b)** C, **c)** A, **d)** A

27.

a) cucumber, **b)** potato, **c)** tomato, **d)** onion, **e)** herbs, **f)** chives, **g)** parsley, **h)** basil

Zimmer und Möbel

28.

a) living room, **b)** hall, **c)** dining room, **d)** kitchen, **e)** bathroom, **f)** bedroom

29.

D	U	S	T	O	U	L	W	A
I	L	T	O	C	G	O	O	B
A	E	O	I	O	A	P	S	A
T	C	R	L	R	R	S	T	L
T	E	E	E	R	A	T	A	C
I	L	R	T	I	G	U	I	O
C	L	O	O	D	E	D	R	N
E	A	O	L	O	W	Y	S	Y
W	R	M	L	R	E	S	P	S

a) attic, **b)** cellar, **c)** storeroom, **d)** toilet, **e)** corridor, **f)** garage, **g)** study, **h)** stairs, **i)** balcony

30.

cutlery, dishes: plate, cup, glass, knife, spoon, bowl, fork

electric gadgets: oven, kettle, fridge, microwave, dishwasher, mixer, coffee machine

31.

a) B, **b)** A, **c)** A, **d)** B, **e)** B, **f)** B, **g)** B, **h)** A, **i)** B

32.

a) lay, **b)** switch off, **c)** lie down, **d)** get up, **e)** look after, **f)** go down, **g)** live, **h)** cut down

33.

a) candle, **b)** comfortable, **c)** cosy, **d)** dream, **e)** blanket, **f)** warm, **g)** rocking chair, **h)** fireplace, **i)** couch, **j)** candlelight

34.

a) A, **b)** B, **c)** C, **d)** B, **e)** A, **f)** A, **g)** B

35.

BE: a) cellar, **b)** living room, **c)** cupboard, **d)** wardrobe, **e)** cooker, **f)** rubbish bin, **g)** toilet

AE: a) basement, **b)** sitting room, **c)** cabinet, **d)** closet, **e)** stove, **f)** garbage can, **g)** bathroom

Putzen und Aufräumen

36.

a) dishes, **b)** washed, **c)** bath, **d)** bathroom, **e)** tidied up, **f)** terrace, **g)** some shirts

37.

a) washing, **b)** washing-up, **c)** housework, **d)** sweep, **e)** tidy, **f)** spot **g)** broom, **h)** clean

Verwandtschaft

38.

a) father, **b)** aunt, **c)** daughter, **d)** brother, **e)** husband, **f)** nephew, **g)** cousin (bleibt gleich)

39.

a) niece, **b)** brother-in-law, **c)** cousins, **d)** grandmother/grandma, **e)** grandparents, **f)** grandchildren, **g)** wife

40.

a) born, **b)** engaged, **c)** single, **d)** married, **e)** baptized, **f)** divorced, **g)** buried, **h)** related

41.

a) parents, **b)** only child, **c)** twins, **d)** twin sister, **e)** granddaughter, **f)** ancestors, **g)** relatives, **h)** marriage

Familienfeiern

42.

a) B, **b)** A, **c)**, B, **d)** A, **e)** B, **f)** A, **g)** B, **h)** A, **i)** A

43.

a) birthday, **b)** baptism, **c)** confirmation, **d)** engagement, **e)** wedding, **f)** anniversary

A	C	O	N	F	I	R	M	A	T	I	O	N	U	Z
P	R	O	M	U	N	I	W	E	D	D	I	N	G	A
T	I	L	B	I	R	T	H	D	A	Y	L	U	B	O
A	N	N	I	V	E	R	S	A	R	Y	I	L	Z	Y
E	B	A	P	T	I	S	M	U	O	K	H	E	W	S
W	E	M	P	G	E	N	G	A	G	E	M	E	N	T

Feiertage

44.

a) Easter, **b)** Christmas Day, **c)** Halloween, **d)** New Year's Eve

45.

a) B, **b)** A, **c)** B

ESSEN UND TRINKEN

Frühstück

46.

a) B, **b)** A, **c)** A, **d)** B

47.

Full English breakfast: eggs, fried mushrooms, black pudding, marmalade, tea or coffee, bacon, fried tomatoes, baked beans, sausages, fried bread or toast

Continental Breakfast: croissants or toast, tea or coffee, butter, pastry, orange juice, cereals, jam

Hauptgericht

48.

a) E, **b)** F, **c)** D, **d)** C, **e)** A, **f)** B

49.

a) pasta, **b)** rice, **c)** potatoes, **d)** vegetables, **e)** salad, **f)** dressing, **g)** gravy, **h)** chips

50.

a) Vegetables, **b)** meat, **c)** poultry, **d)** fish, **e)** fruit, **f)** Dairy

51.

a) salt and pepper, **b)** fish and chips, **c)** fresh meat, **d)** tomato soup, **e)** frozen food, **f)** vegetarian meal, **g)** oil and vinegar

52.

a) A, **b)** B, **c)** B, **d)** B, **e)** A, **f)** A

Nachtisch und Süßigkeiten

53.

a) A, **b)** A, **c)** B, **d)** B, **e)** A

54.

a) cheesecake, **b)** custard, **c)** jelly, **d)** apple pie, **e)** strawberries and cream, **f)** bar of chocolate, **g)** biscuits

Kochen, backen, zubereiten

55.

P	A	S	L	I	C	E	A	M	U	S	E
T	A	S	T	E	N	T	C	O	O	K	S
O	U	W	R	A	P	U	N	G	F	R	Y
E	B	U	R	N	W	E	B	A	K	E	G
M	I	X	E	N	O	R	O	A	S	T	A
N	A	P	E	E	L	E	N	S	T	I	R
D	H	E	A	T	E	W	C	H	O	P	P
C	U	T	T	U	S	M	E	L	L	E	N

a) cut, **b)** wrap **c)** roast, **d)** smell, **e)** burn, **f)** peel, **g)** heat, **h)** cook, **i)** mix, **j)** use, **k)** taste, **l)** chop, **m)** stir, **n)** bake, **o)** slice, **p)** fry

56.

a) B, **b)** A, **c)** C, **d)** A, **e)** C, **f)** A

57.

a) heiß und scharf, **b)** kalt, **c)** sauer, **d)** bitter, **e)** süß, **f)** salzig, **g)** mild, **h)** rauchig, **i)** würzig und scharf

58.

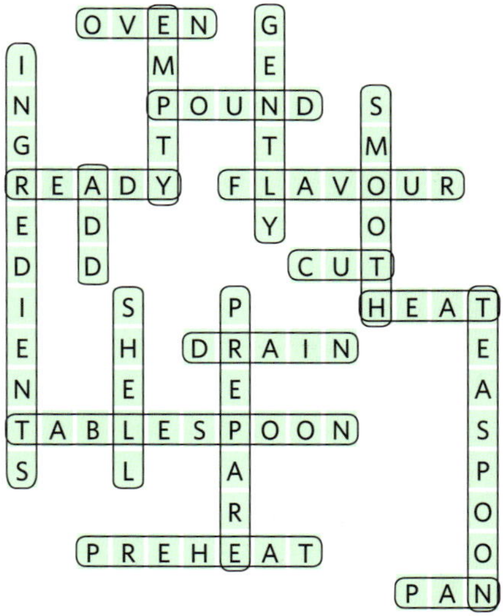

a)	b)	c)	d)	e)	f)	g)	h)	i)	j)	k)	l)
A	P	P	L	E	C	R	U	M	B	L	E

Obst und Gemüse

59.

a) lemon, **b)** peach, **c)** apple, **d)** orange, **e)** pineapple, **f)** melon, **g)** pear

60.

a) banana, **b)** Cherries, **c)** grapefruit, **d)** mango, **e)** watermelon, **f)** plum, **g)** apricot

61.

a) E, **b)** C, **c)** F, **d)** G, **e)** A, **f)** H, **g)** D, **h)** B

Lösungen

62.

S	A	C	U	C	U	M	B	E	R	O	N
M	U	S	T	N	O	N	I	O	N	E	W
O	B	E	A	N	S	T	A	L	K	S	Y
P	O	M	U	S	H	R	O	O	M	S	T
U	N	V	P	E	A	S	I	N	S	E	R
B	I	C	O	U	R	G	E	T	T	E	N
T	R	A	N	C	G	A	R	L	I	C	H
H	A	S	P	A	R	A	G	U	S	T	E

a) peas, **b)** onion, **c)** mushrooms, **d)** cucumber, **e)** courgette *(BE)*, **f)** beans, **g)** asparagus, **h)** garlic

63.

A, C, D, E, F, H, I, J, L, M, O

64.

a) cabbage, **b)** pumpkin, **c)** sweetcorn, **d)** broccoli

Getränke

65.

alcoholic drinks: wine, champagne, cocktail, beer, whisky, cider

soft drinks: milk, water, lemonade, juice, tea, coffee

66.

a) Glas, **b)** Flasche, **c)** Packung, **d)** Pint, **e)** halbes Pint, **f)** Dose

67.

a) orange juice, **b)** mineral water, **c)** whisky, **d)** guiness, **e)** red wine, **f)** tea, **g)** cider, **h)** coffee, **i)** champagne

68.

a) B, **b)** A, **c)** C, **d)** C, **e)** A, **f)** B, **g)** C, **h)** A

69.

a) Becher, **b)** Korkenzieher, **c)** Teebeutel, **d)** zerkleinertes Eis, **e)** Flaschenöffner, **f)** Eiswürfel, **g)** Getränke ausschenken, **h)** Wasser mit Kohlensäure

FREUNDE UND FREIZEIT

Freunde, Klubs und Cliquen

70.

a) friend, **b)** mate, **c)** penfriend, **d)** girlfriend, **e)** boyfriend, **g)** close friend

71.

a) c, **b)** s, **c)** m, **d)** c, **e)** k, **f)** b, **g)** t

72.

a) B, **b)** A, **c)** A, **d)** C, **e)** A, **f)** C

73.

A	S	H	U	S	U	A	L	L	Y	E	W
Z	E	N	T	L	U	O	F	T	E	N	T
P	R	E	S	N	E	V	E	R	N	E	W
W	A	L	W	A	Y	S	E	A	V	A	S
K	I	S	O	M	E	T	I	M	E	S	T

a) often, **b)** sometimes, **c)** never, **d)** usually, **e)** always

Hobby und Spiel

74.

a) playing, **b)** taking, **c)** travelling, **d)** drawing, **e)** swimming, **f)** watching, **g)** listening

75.

a) any hobbies, **b)** in darts, **c)** the piano, **d)** collect, **e)** choir, **f)** painting, **g)** cross-words

76.

a) G, **b)** F, **c)** E, **d)** I; **e)** A, **f)** J, **g)** C, **h)** B, **i)** D, **j)** H

77.

a) chess, **b)** scrabble, **c)** ludo, **d)** jigsaw puzzle, **e)** rummy

Sport und Fitness

78.

a) football, **b)** tennis, **c)** golf, **d)** table tennis, **e)** cricket

79.

a) nordic walking, **b)** rock climbing, **c)** dancing, **d)** swimming, **e)** riding, **f)** skiing

80.

D	A	C	L	U	B	B	U	G	O	A	L
E	N	V	I	C	O	A	C	H	I	S	T
C	H	A	L	F	T	I	M	E	A	W	E
P	R	O	U	R	E	F	E	R	E	E	T
M	A	T	C	H	E	N	T	E	A	M	P
N	E	G	O	A	L	K	E	E	P	E	R
T	R	I	S	T	R	I	K	E	R	O	N
N	O	L	K	L	I	N	E	S	M	A	N

a) referee, **b)** club, **c)** goal, **d)** striker, **e)** goalkeeper, **f)** team, **g)** match, **h)** coach, **i)** linesman, **j)** halftime

81.

a) rules, **b)** rest, **c)** activity, **d)** jump, **e)** competition

82.

a) slow, **b)** catch, **c)** start, **d)** lose, **e)** high

83.

		S	P	O	N	S	O	R	
				L	A	P			
					B	O	W	L	
					P	R	I	Z	E
			R	E	S	T			
P	R	A	C	T	I	S	E		
				R	A	C	E		
			M	O	V	E			
				W	I	N	N	E	R
B	A	D	M	I	N	T	O	N	
						R	U	N	
					M	E	D	A	L

a) sponsor, **b)** lap, **c)** bowl, **d)** prize, **e)** rest, **f)** practise, **g)** race, **h)** move, **i)** winner, **j)** badminton, **k)** run, **l)** medal, **m)** sports centre

Musik

84.

a) classical, **b)** folk

85.

a) musician, **b)** concerts, **c)** loud, **d)** sound, **e)** voice, **f)** song, **g)** rhythm, **h)** notes

86.

a) drums, **b)** guitar, **c)** piano, **d)** saxophone, **e)** trumpet, **f)** recorder, **g)** organ, **h)** trombone

87.

a) You can really sing well. **b)** Violins are string instruments, aren't they?, **c)** What kind of music does your wife like?, **d)** What about joining a choir?

88.

a) B, **b)** B, **c)** A, **d)** A; **e)** A, **f)** B, **g)** A, **h)** B

89.

a) F, **b)** H, **c)** E, **d)** G; **e)** I, **f)** C, **g)** A, **h)** D, **i)** B

Konzerte und Feste

90.

a) A, **b)** C, **c)** B, **d)** A, **e)** B, **f)** B, **g)** A; **h)** C

Übersetzung:

a) (Eintritts-/Konzert-)karte, **b)** Menschenmenge, **c)** Vorstellung, **d)** Bühne, **e)** live, **f)** Applaus, **g)** stattfinden, **h)** klatschen

GESUNDHEIT UND WOHLBEFINDEN

Der Körper

91.

a) head, **b)** arm, **c)** hand, **d)** shoulder, **e)** back, **f)** leg, **g)** knee, **h)** foot

92.

a) eyes, **b)** ears, **c)** mouth, **d)** nose, **e)** hands

Lösungen

93.

D	E	L	I	V	E	R	E	N	D	L	E
P	L	O	U	S	T	O	M	A	C	H	S
N	E	W	E	L	L	U	N	G	S	T	E
L	I	K	I	D	N	E	Y	O	R	K	O
S	K	I	N	G	W	E	N	D	O	L	Y
A	W	E	B	R	A	I	N	I	S	T	E
F	I	N	C	H	E	W	B	L	O	O	D
S	C	H	E	A	R	T	Z	O	N	O	L

a) lung, **b)** liver, **c)** heart, **d)** stomach, **e)** kidney, **f)** skin, **g)** blood, **h)** brain

94.

a) C, **b)** E, **c)** F, **d)** G, **e)** A, **f)** B, **g)** D

95.

a) B, **b)** A, **c)** B, **d)** A, **e)** A, **f)** A

Gesundheit

96.

a) walk, **b)** diet, **c)** relaxation, **d)** sports, **e)** exercise, **f)** break, **g)** physiotherapy, **h)** holidays, **i)** nap, **j)** vitamins

97.

a) take, **b)** drink, **c)** get, **d)** smoke, **e)** sleep, **f)** work, **g)** eat, **h)** worry

98.

				H	E	R	B	S	
	Q	U	I	E	T				
				A	G	E			
		C	A	L	O	R	I	E	S
		W	A	T	E	R			
W	E	I	G	H	T				

a) herbs, **b)** quiet, **c)** age, **d)** calories, **e)** water, **f)** weight, **g)** health

99.

a) D, **b)** G, **c)** F, **d)** A; **e)** C, **f)** J, **g)** B, **h)** E, **i)** K, **j)** I; **k)** H

Krankheit

100.

a) cough, **b)** bruise, **c)** headache, **d)** scratch, **e)** dizziness, **f)** infection

101.

a) upset stomach, **b)** sore throat, **c)** backache, **d)** toothache

Beim Arzt

102.

a) C, **b)** D, **c)** B, **d)** A

103.

a) B, **b)** A, **c)** B, **d)** A

104.

a) F, **b)** G, **c)** E, **d)** B, **e)** A, **f)** D, **g)** C

105.

C	U	B	A	N	D	A	G	E	W
P	I	N	J	E	C	T	I	O	N
A	I	N	S	W	O	U	N	D	O
T	R	E	A	T	E	P	A	I	N
S	P	L	A	S	T	E	R	I	N
P	I	L	L	O	H	U	R	T	D
I	S	W	O	L	L	E	N	O	W
T	A	R	I	S	E	S	O	R	E

a) wound, **b)** plaster, **c)** treat, **d)** hurt, **e)** pill, **f)** pain, **g)** sore, **h)** injection, **i)** bandage, **j)** swollen

Unfall und Verletzung

106.

a) your arm, **b)** by a car, **c)** the stairs, **d)** shock, **e)** burnt, **f)** a car crash, **g)** accident, **h)** deep water, **i)** in the heat

107.

a) My wound is bleeding., **b)** It will heal., **c)** It really hurts a lot., **d)** I need some medicine., **e)** I'm not feeling well.

108.

a) dial, **b)** emergency, **c)** fire brigade, **d)** injury, **e)** flames, **f)** alive, **g)** wound, **h)** accident, **i)** rescuer, **j)** ambulance

109.

a) scream – schreien, **b)** react – reagieren, **c)** bleed – bluten, **d)** survive – überleben, **e)** feel – fühlen

110.

a) victim, **b)** hearse, **c)** corpse, **d)** undertaker, **e)** coffin, **f)** bury, **g)** cemetery, **h)** burial, **i)** grave, **j)** cremation

111.

a) shouted, **b)** survived, **c)** fell, **d)** cut, **e)** died, **f)** broke, **g)** drowned

Im Krankenhaus

112.

a) F, **b)** E, **c)** H, **d)** A, **e)** G, **f)** B; **g)** C, **h)** D

113.

a) Krankenversicherung, **b)** Blutgruppe, **c)** Medikamente, **d)** rauchen, **e)** bevorzugen, **f)** Schmerzmittel, **g)** Schlaftablette, **h)** Behandlung

114.

a) B, **b)** A, **c)** A, **d)** B, **e)** A, **f)** A

115.

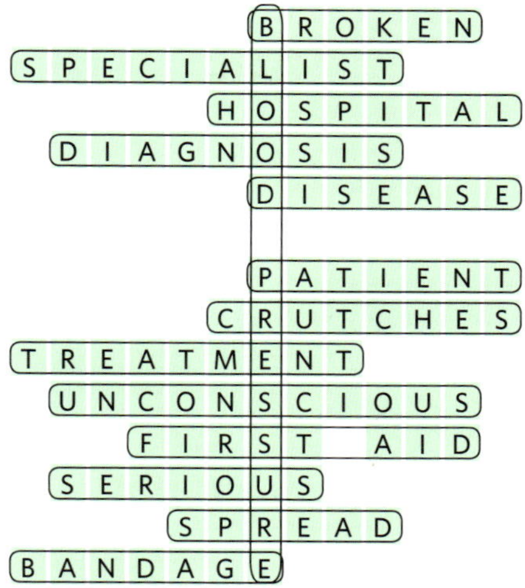

a) broken, **b)** specialist, **c)** hospital, **d)** diagnosis, **e)** disease, **f)** patient, **g)** crutches, **h)** treatment, **i)** unconscious, **j)** first aid, **k)** serious, **l)** spread, **m)** bandage

Lösungswort n): blood pressure

Deutsch: Blutdruck

LERNEN UND ARBEITEN

Schule und Studium

116.

a) pen, **b)** folder, **c)** paper, **d)** scissors, **e)** ruler, **f)** biro

117.

a) teacher, **b)** pupil, **c)** caretaker, **d)** tutor, **e)** headteacher

118.

Montag: Englisch, Mathematik, Chemie, Russisch

Dienstag: Erdkunde/Geografie, Deutsch, Biologie, Religion

Mittwoch: Informatik, Musik, Französisch, Spanisch

Donnerstag: Geschichte, Physik, Sport, Sport
Freitag: Kunst, Kunst, Technik/Technisches Werken, Italienisch

119.

a) C, **b)** A, **c)** D, **d)** B

120.

a) primary school, **b)** secondary school, **c)** comprehensive school, **d)** grammar school, **e)** boarding school, **f)** state school, **g)** public school

121.

a) Open your exercise books on page 10, please.,**b)** I left my pencil case in the classroom., **c)** You will need a pencil and a rubber for this task./For this task, you will need a pencil and a rubber.

122.

		E	X	C	U	R	S	I	O	N			
							C	L	A	S	S		
			L	U	N	C	H	B	O	X			
			L	E	S	S	O	N					
						H	O	M	E	W	O	R	K
						A	L	P	H	A	B	E	T
P	L	A	Y	G	R	O	U	N	D				
			D	E	T	E	N	T	I	O	N		
				H	O	L	I	D	A	Y	S		
							F	E	M	A	L	E	
					T	R	O	U	B	L	E		
						B	R	E	A	K			
							M	A	L	E			

a) excursion, **b)** class, **c)** lunchbox, **d)** lesson, **e)** homework, **f)** alphabet, **g)** playground, **h)** detention, **i)** holidays, **j)** female, **k)** trouble, **l)** break, **m)** male
Lösungswort n): school uniform

123.

a) Spell, **b)** Work, **c)** Correct, **d)** Learn

124.

a) right and wrong, **b)** forget and remember, **c)** guess and know, **d)** finish and start, **e)** difficult and easy, **f)** false and true

125.

A	S	T	U	D	Y	T	O	R	N
P	R	I	E	W	R	I	T	E	W
U	N	D	E	R	S	T	A	N	D
C	R	E	A	D	H	C	O	P	Y
H	E	L	E	X	P	L	A	I	N
S	P	E	A	K	E	N	T	E	N
G	U	T	H	I	N	K	S	T	H
C	O	U	N	T	H	W	O	R	K

a) read, **b)** write **c)** work, **d)** copy, **e)** study, **f)** think, **g)** speak, **h)** explain, **i)** count, **j)** understand

126.

a) B, **b)** A, **c)** B, **d)** B, **e)** A, **f)** B

127.

a) exam, **b)** cheat, **c)** level, **d)** mark, **e)** written, **f)** oral, **g)** result, **h)** excellent, **i)** pass, **j)** fail, **k)** certificate, **l)** points

128.

a) study, **b)** university, **c)** students, **d)** hall of residence, **e)** professor, **f)** library, **g)** lectures, **h)** graduated

Ausbildung und Job

129.

a) Bauarbeiter, **b)** Metzger, **c)** Elektriker, **d)** Mechaniker, **e)** Bäcker, **f)** Frisör, **g)** Klempner/Installateur

130.

a) file, **b)** diary, **c)** screen **d)** keyboard, **e)** telephone, **f)** mouse

131.

a) full-time, **b)** part-time, **c)** flexitime, **d)** half-day, **e)** nightshift, **f)** overtime

132.

a) A, **b)** B, **c)** B, **d)** A, **e)** B, **f)** C

133.

a) B, **b)** F, **c)** G, **d)** C, **e)** A, **f)** D, **g)** E

134.

a) works for, **b)** at work, **c)** a day off, **d)** resigned from, **e)** fired, **f)** retire, **g)** works at

135.

P	E	M	P	L	O	Y	E	E	K	S
T	U	E	D	I	R	E	C	T	O	R
O	W	N	E	R	I	N	G	L	E	T
S	A	U	N	E	B	O	S	S	E	W
S	E	C	R	E	T	A	R	Y	A	N
E	L	E	R	S	T	A	F	F	T	Y
O	C	A	N	D	I	D	A	T	E	L
L	U	X	E	M	A	N	A	G	E	R
A	P	P	R	E	N	T	I	C	E	J
P	U	C	A	R	E	T	A	K	E	R

a) staff, **b)** candidate, **c)** boss, **d)** manager, **e)** director, **f)** owner, **g)** employee, **h)** secretary, **i)** caretaker, **j)** apprentice

136.

a) A, **b)** B, **c)** A, **d)** B, **e)** A, **f)** B, **g)** A

137.

a) C, **b)** A, **c)** H, **d)** E, **e)** G, **f)** B, **g)** D, **h)** F

138.

a) organized, **b)** independent, **c)** experienced, **d)** enterprising, **e)** outgoing, **f)** successful, **g)** adaptable

139.

a) B **b)** B **c)** B **d)** B

140.

BE: fireman, policeman, sales assistant, vet, solicitor

AE: firefighter, police officer, salesperson, veterinarian, lawyer/attorney

141.

				S	U	I	T	A	B	L	E
P	E	R	M	A	N	E	N	T			
				S	E	C	T	I	O	N	
R	E	C	O	M	M	E	N	D			
		T	E	M	P	O	R	A	R	Y	
	C	H	A	L	L	E	N	G	E		
					O	F	F	E	R		
E	M	P	L	O	Y	E	R				
				R	E	S	I	G	N		
		C	O	N	D	I	T	I	O	N	

Lösungwort k): unemployed

Deutsch: arbeitslos

UNTERWEGS

In der Stadt

142.

a) shop, **b)** market, **c)** supermarket, **d)** department store, **e)** shopping centre, **f)** outlet store, **g)** second-hand shop

143.

a) D, **b)** C, **c)** A, **d)** C, **e)** D, **f)** A; **g)** B

144.

b) exit - Ausgang, **c)** escalator -Rolltreppe, **d)** open - offen, **e)** closed - geschlossen, **f)** customer - Kunde/Kundin, **g)** sale - Verkauf, **h)** offer - Angebot

145.

a) coat, **b)** skirt, **c)** pullover, **d)** dress, **e)** trousers, **f)** jeans

146.

a) E, **b)** F, **c)** A, **d)** H, **e)** I, **f)** D, **g)** B, **h)** G, **i)** C

Lösungen

147.

a) Café, **b)** Waren, **c)** Karte, **d)** gewählt, **e)** Vorspeise, **f)** empfehlen, **g)** Rechnung, **h)** Trinkgeld

148.

F	A	C	H	E	A	P	S	
L	O	O	S	E	R	Y	S	
S	O	P	E	N	W	E	X	
L	O	U	T	H	I	C	K	
O	P	R	P	U	S	H	G	
H	B	U	Y	A	D	O	W	
R	U	S	A	V	E	R	N	

a) expensive **b)** tight, **c)** closed, **d)** thin, **e)** pull, **f)** sell, **g)** spend

149.

a) size, **b)** changing room, **c)** medium, **d)** short, **e)** long, **f)** fit

150.

a) jewellery shop, **b)** sports shop, **c)** electronics store, **d)** baker's, **e)** butcher's, **f)** newsagent's, **g)** greengrocer's, **h)** book shop, **i)** chemist's, **j)** pet shop, **k)** music store, **l)** travel agency, **m)** florist's, **n)** shoe shop

151.

a) cotton, **b)** wool, **c)** linen, **d)** silk, **e)** leather, **f)** silver, **g)** gold, **h)** fur

152.

a) pay, **b)** cost, **c)** change, **d)** coins, **e)** price, **f)** purse, **g)** receipt, **h)** cash

153.

a) E, **b)** A, **c)** C, **d)** B, **e)** D, **f)** F

154.

BE: jumper, trousers, pants, vest, dinner jacket, swimsuit

AE: sweater, pants, underwear, undershirt, tuxedo, bathing suit

155.

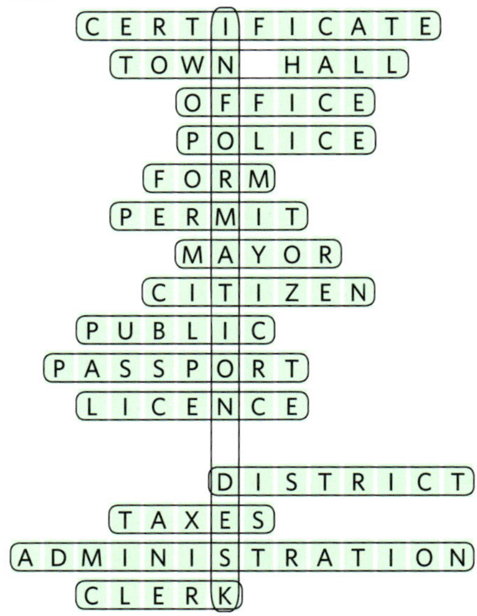

a) certificate, **b)** Town Hall, **c)** office, **d)** police, **e)** form, **f)** permit, **g)** mayor, **h)** citizen, **i)** public, **j)** passport, **k)** licence, **l)** district, **m)** taxes, **n)** administration, **o)** clerk

Lösungswort p): information desk

Im Verkehr

156.

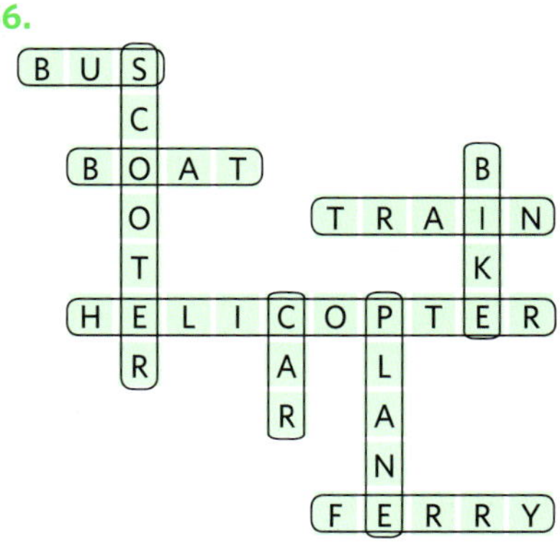

a) bus, **b)** boat, **c)** train, **d)** helicopter, **e)** ferry, **f)** scooter, **g)** car, **h)** plane, **i)** bike

157.

a) arrives, **b)** is delayed, **c)** timetable, **d)** ticket office, **e)** ticket machine, **f)** reservation, **g)** change for, **h)** miss, **i)** pick me up, **j)** cancelled

158.

a) B, **b)** A, **c)** B, **d)** A, **e)** B, **f)** B, **g)** B

159.

a) stop, **b)** turn, **c)** park, **d)** cross, **e)** brake, **f)** overtake, **g)** honk, **h)** pass, **i)** buy petrol, **j)** crash

160.

a) platform, **b)** timetable, **c)** motorway, **d)** underground, **e)** seasick, **f)** crossroads, **g)** roundabout, **h)** airline, **i)** satnav, **j)** railway

161.

a) A, **b)** B, **c)** A, **d)** A

162.

a) Reisebus, Sofa, **b)** Fußnote, Durchsage, **c)** Schaffner/in/Zugführer/in, Kollege/Kollegin, **d)** Kreuzfahrt, Fußgängerüberweg

163.

C	O	M	P	A	R	T	M	E	N	T	F	U
A	S	H	O	R	E	P	D	E	L	A	Y	K
P	A	L	U	G	G	A	G	E	H	R	E	M
Z	O	U	M	C	A	R	R	I	V	A	L	C
J	E	P	A	S	S	E	N	G	E	R	B	E
R	E	T	H	E	H	A	R	B	O	U	R	G
D	E	P	A	R	T	U	R	E	M	B	L	E
F	L	I	G	H	T	Q	U	T	A	N	K	P
C	M	A	I	N	L	A	N	D	L	O	N	P

a) passenger, **b)** mainland, **c)** ashore, **d)** harbour, **e)** luggage, **f)** departure, **g)** tank, **h)** compartment, **i)** delay, **j)** arrival, **k)** flight

Lösungswort: emergency exit

Auf Reisen

164.

a) England, **b)** Ireland, **c)** Scotland, **d)** Great Britain, **e)** United States of America, **f)** Wales

165.

a) German, **b)** Dutch, **c)** French, **d)** Spanish, **e)** Italian, **f)** Polish

166.

a) country, **b)** nationality, **c)** speak, **d)** understand, **e)** accent, **f)** dialect

167.

a) A, C; D; E; **b)** A, C; E

168.

a) journey, **b)** trip, **c)** travel agency, **d)** plan, **e)** book, **f)** pack, **g)** travel, **h)** sleeping bag, **i)** suitcase, **j)** guide, **k)** map

169.

AE: vacation, backpack, lodge, baggage, cart, trailer

170.

A	M	O	R	O	C	C	O	M	O	U	N
B	R	A	Z	I	L	Y	E	G	Y	P	T
F	E	R	T	I	N	D	I	A	S	T	E
A	C	H	I	N	A	S	T	I	C	A	N
C	E	L	I	T	C	A	N	A	D	A	U
P	R	A	F	R	I	C	A	S	U	T	H
N	O	T	E	S	T	R	A	S	I	A	L
D	E	M	O	N	O	J	A	P	A	N	Z
A	U	S	T	R	A	L	I	A	W	E	N

a) Morocco, **b)** Brazil, **c)** Egypt, **d)** India, **e)** China, **f)** Canada, **g)** Africa, **h)** Asia, **i)** Japan, **j)** Australia

171.

a) E, **b)** C, **c)** G, **d)** B, **e)** A, **f)** D, **g)** F

172.

a) ruins (pl.), **b)** palace, **c)** church, **d)** chapel, **e)** square, **f)** castle, **g)** building, **h)** museum

Lösungen

173.

a) quiet, **b)** recommended, **c)** access, **d)** walking, **e)** available, **f)** pets, **g)** offer

174.

a) A, **b)** B, **c)** A, **d)** A, **e)** B, **f)** A

175.

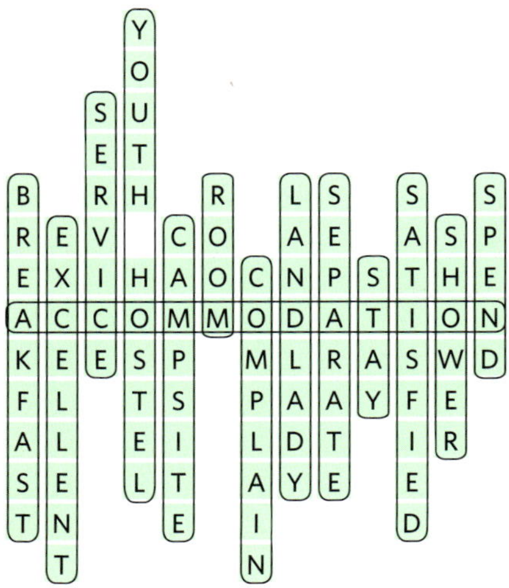

a) breakfast, **b)** excellent, **c)** service, **d)** youth hostel, **e)** campsite, **f)** room, **g)** complain, **h)** landlady, **i)** separate, **j)** stay, **k)** satisfied, **l)** shower, **m)** spend

Lösungswort n): accommodation

Deutsch: Unterkunft

In der Natur

176.

a) island, **b)** sea, **c)** lake, **d)** beach, **e)** river, **f)** mountain, **g)** forest, **h)** hill, **i)** coast, **j)** valley

177.

a) H, **b)** D, **c)** G, **d)** E, **e)** F, **f)** A, **g)** B, **h)** C

178.

a) butterfly, **b)** ladybird, **c)** caterpillar, **d)** crow, **e)** mole, **f)** bird

179.

Farm animals: dog, rabbit, goose, pig, chicken, sheep, cow, duck, horse, cat

Zoo animals: bear, snake, shark, crocodile, lion, tiger, elephant, monkey, seal, dolphin

180.

b) lightning - Blitz, **c)** hail - Hagel, **d)** thunderstorm - Gewitter, **e)** clouds - Wolken, **f)** snow - Schnee, **g)** fog - Nebel, **h)** frost - Frost

181.

S	P	O	L	L	U	T	I	O	N	T
D	E	N	W	A	S	T	E	R	L	T
P	R	O	L	T	E	N	E	R	G	Y
E	N	V	I	R	O	N	M	E	N	T
W	E	I	N	D	U	S	T	R	Y	S
P	R	E	S	O	U	R	C	E	W	E
I	W	O	U	R	E	C	Y	C	L	E
A	S	A	V	E	C	H	E	W	E	L

a) pollution, **b)** waste, **c)** energy, **d)** environment, **e)** industry, **f)** resource, **g)** recycle, **h)** save

182.

a) Verschmutzung, **b)** Abfall, **c)** Energie, **d)** Umwelt, **e)** Industrie, **f)** Rohstoff, **g)** wiederverwenden/wiederverwerten, **h)** sparen/retten

183.

a) Sahara, **b)** Everglades National Park, **c)** Niagara Falls, **d)** Lake Baikal, **e)** Son Doong, **f)** Cliffs of Moher, **g)** Byron Bay, **h)** Asia, **i)** Great Barrier Reef, **j)** Mauna Loa

184.

a) ein flacher Teich, **b)** die stürmische See, **c)** ein steiler Berg, **d)** ruhige Gewässer, **e)** feuchtes Gras, **f)** ein verschmutzter Bach, **g)** blühende Obstbäume

185.

a) rose, **b)** oak, **c)** tulip, **d)** beech, **e)** daffodil, **f)** birch, **g)** sunflower, **h)** pine, **i)** peony, **j)** maple, **k)** daisy

IN DER GESELLSCHAFT LEBEN

Politik und Staat

186.

a) president, **b)** chancellor, **c)** king, **d)** queen, **e)** politician, **f)** minister, **g)** governor

187.

a) states, **b)** nations, **c)** country, **d)** monarchies, **e)** citizens, **f)** law

188.

a) head of state, **b)** foreign minister, **c)** prime minister, **d)** party leader, **e)** opposition leader

189.

F	L	E	M	B	A	S	S	Y	S	E	P
Z	O	E	M	E	W	F	L	A	G	O	W
P	U	B	L	I	C	L	I	N	E	T	E
O	P	P	O	J	E	X	I	L	E	C	H
S	C	A	R	T	E	T	R	E	A	T	Y
E	B	O	R	D	E	R	M	U	B	B	L
L	U	A	M	B	A	S	S	A	D	O	R
F	O	R	E	I	G	N	E	R	T	E	K

a) foreigner, **b)** flag, **c)** ambassador, **d)** embassy, **e)** public, **f)** exile, **g)** treaty, **h)** border

190.

a) enemies, **b)** troops, **c)** prisoners, **d)** soldiers, **e)** fought, **f)** defeated, **g)** destroyed, **h)** weapons, **i)** fired

191.

a) D, **b)** G, **c)** A, **d)** F, **e)** C, **f)** B, **g)** E

192.

a) election, **b)** retirement, **c)** support, **d)** government, **e)** leader, **f)** negotiation, **g)** argument, **h)** immigration, **i)** emigration

193.

a) attack - Angriff, **b)** invasion - Einmarsch, **c)** victim - Opfer, **d)** battle - Kampf/Schlacht, **e)** occupation - Besetzung, **f)** violence - Gewalt, **g)** hostage - Geisel

Die Gesellschaft

194.

a) D, **b)** I, **c)** F, **d)** A, **e)** H, **f)** G, **g)** C, **h)** E, **i)** B

195.

a) Leute, **b)** Bewohner/in, **c)** Einheimische/r, **d)** Bevölkerung, **e)** städtisch, **f)** ländlich, **g)** Gesellschaft, **h)** Dorf

196.

a) A, **b)** B, **c)** C, **d)** C, **e)** A, **f)** B

197.

a) beat, **b)** rob, **c)** murder, **d)** escape, **e)** steal, **f)** rape, **g)** kill, **h)** abuse, **i)** break into, **j)** shoot, **k)** destroy, **l)** hurt, **m)** recognize, **n)** search, **o)** catch, **p)** arrest, **q)** question, **r)** notice

198.

a) truth, **b)** honest, **c)** believe, **d)** regrets, **e)** apologize, **f)** promise, **g)** forgive

199.

a) Catholic, **b)** Protestant, **c)** Anglican, **d)** Hindu, **e)** Buddhist, **f)** Muslim

Wirtschaft und Finanzen

200.

a) product, **b)** machine, **c)** industry, **d)** craft, **e)** trade, **f)** mine, **g)** resource, **h)** robot, **i)** producer, **j)** factory

201.

a) eggs, **b)** milk, **c)** onions, **d)** asparagus, **e)** potatoes, **f)** cucumbers, **g)** lettuce, **h)** carrots, **i)** cauliflower

202.

a) corn - Getreide, **b)** oats - Hafer, **c)** rye - Roggen, **d)** wheat - Weizen, **e)** crop -

Ernte, **f)** maize - Mais, **g)** barley - Gerste, **h)** sowing - Aussaat

203.

a) anbieten, **b)** verkaufen, **c)** liefern, **d)** kaufen, **e)** kosten, **f)** bezahlen, **g)** fallen (Preise), **h)** sparen, **i)** handeln (mit), **j)** ausgeben

204.

a) A **b)** A, **c)** B, **d)** B, **e)** B, **f)** A

205.

a) transfer, **b)** cash, **c)** debt, **d)** coin, **e)** account, **f)** banknote, **g)** savings, **h)** withdraw, **i)** loan, **j)** interest

206.

	T						F	S
	A		D	H	G		O	U
P	K	S	E	E	R		U	C
O	E	T	A	A	O	R	N	C
W	O	R	L	D	W	I	D	E
E	V	A	E	Q	T	S		S
R	E	T	R	U	H	K		S
	R	E		A				
		G		R				
		Y		T				
				E				
				R				
				S				

a) power, **b)** takeover, **c)** strategy, **d)** dealer, **e)** headquarters, **f)** growth, **g)** risk, **h)** found, **i)** success

Lösungswort j): worldwide

Deutsch: weltweit

207.

a) Monetary, **b)** currency, **c)** economy, **d)** trade, **e)** common, **f)** cooperation

Kommunikation und Medien

208.

a) stamp, **b)** letters, **c)** parcel, **d)** letterbox

209.

a) Umschlag, **b)** Empfänger, **c)** Absender, **d)** Adresse, **e)** Postleitzahl, **f)** Postfach

210.

D	E	L	E	T	E	F	T	B	U	R	N
S	P	R	I	N	T	A	V	I	R	U	S
R	E	V	L	U	P	G	R	A	D	E	Z
U	S	A	V	E	L	S	C	R	E	E	N
T	R	U	N	T	N	E	T	W	O	R	K
C	H	E	L	V	P	R	I	N	T	E	R
N	U	K	E	Y	B	O	A	R	D	O	W

a) screen, **b)** print, **c)** keyboard, **d)** save, **e)** printer, **f)** delete, **g)** virus, **h)** burn, **i)** network, **j)** upgrade

211.

a) Yours sincerely, **b)** See you, **c)** Love, **d)** Best wishes, **e)** Lots of love, **f)** With kind regards

212.

a) B, **b)** A, **c)** C, **d)** A, **e)** B

213.

a) B, **b)** F, **c)** E, **d)** A, **e)** I, **f)** H, **g)** D, **h)** C, **i)** G

214.

a) newspaper, **b)** magazine, **c)** page, **d)** chapter, **e)** brochure, **f)** article, **g)** comment, **h)** advertisement, **i)** headline, **j)** title, **k)** press, **l)** copy

215.

NEWS
REPORT
WATCH
ACTOR
HEADPHONES
CINEMA
PROGRAMME

FILM
REMOTE
COMMERCIAL
DOCUMENTARY
DIRECTOR
SOAP
SERIES
ACTRESS

a) news, **b)** report, **c)** watch, **d)** actor, **e)** headphones, **f)** cinema, **g)** programme, **h)** film, **i)** remote, **j)** commercial, **k)** documentary, **l)** director, **m)** soap, **n)** series, **o)** actress

Lösungswort p): weather forecast

Deutsch: Wettervorhersage

RAUM UND ZEIT

Zahlen

216.

a) seven, **b)** eleven, **c)** two, **d)** thirteen, **e)** twenty

217.

a) 67, **b)** 16, **c)** 40, **d)** 93, **e)** 56, **f)** 89, **g)** 25, **h)** 78, **i)** 91, **j)** 111, **k)** 2,000,000 **l)** 452, **m)** 30, **n)** 44, **o)** 676

218.

S	T	W	E	N	T	Y	-	S	E	C	O	N	D
F	I	F	T	H	D	E	N	E	F	I	R	S	T
S	H	A	L	F	O	R	T	I	E	T	H	E	G
P	S	E	C	O	N	D	T	W	E	L	F	T	H
C	O	T	H	I	R	T	Y	-	F	I	R	S	T
T	W	E	N	T	I	E	T	H	C	A	M	E	N
R	E	L	E	V	E	N	T	H	T	H	I	R	D

a) first, **b)** second **c)** third, **d)** fifth, **e)** eleventh, **f)** twelfth, **g)** twentieth, **h)** twenty-second, **i)** thirty-first, **j)** fortieth

219.

a) C, **b)** A, **c)** E, **d)** B, **e)** D

Uhrzeit

220.

a) hours, **b)** minutes, **c)** seconds, **d)** o'clock, **e)** Half an hour

221.

a) morning, **b)** noon, **c)** afternoon, **d)** evening, **e)** tonight, **f)** night

222.

a) one o'clock, **b)** half past six, **c)** quarter past three, **d)** quarter to ten, **e)** twenty to one, **f)** twenty-five to nine

Wochentage, Monate, Jahreszeiten

223.

a) Monday, **b)** Wednesday, **c)** Tuesday, **d)** Thursday, **e)** Sunday

224.

a) March, April, May,
b) June, July, August,
c) September, October, November,
d) December, January, February

Lösungen

Datum

225.

B	R	E	N	T	O	D	A	Y	L
T	U	E	Y	E	A	R	E	W	T
H	A	N	G	E	S	L	A	S	T
W	E	E	K	C	H	E	M	P	S
T	R	O	L	N	E	X	T	T	Y
A	L	D	A	Y	B	E	I	L	P
E	C	E	N	T	D	A	T	E	Z
T	O	M	O	R	R	O	W	E	L
P	L	E	N	U	M	O	N	T	H

a) year, **b)** next, **c)** last, **d)** month, **e)** week, **f)** tomorrow, **g)** today, **h)** date, **i)** day

Lösungswort: yesterday

226.

a) late, **b)** from ... to, **c)** two days ago, **d)** until, **e)** about, **f)** as soon as possible

227.

b) the thirteenth of May, **c)** the twenty-seventh of October, **d)** the first of April, **e)** the twenty-sixth of December, **f)** the twenty-second of March, **g)** the twelfth of January

228.

a) B, **b)** A, **c)** B, **d)** B

229.

a) E, **b)** A, **c)** D, **d)** F, **e)** C, **f)** B

Maße und Größen

230.

a) small, **b)** huge, **c)** wide, **d)** tall, **e)** large, **f)** narrow, **g)** short, **h)** long

231.

a) A, **b)** A, **c)** B, **d)** A, **e)** B, **f)** A, **g)** B

Mengen und Gewichte

232.

a packet of biscuits, tea
a can of tuna, baked beans, pet food
a bottle of water, orange juice, wine
a loaf of bread
a bar of chocolate
a bag of sweets

233.

a) empty, full, **b)** more, less, **c)** everything, nothing, **d)** light, heavy, **e)** few, lots of

234.

			L	I	T	R	E		
		P	O	U	N	D			
			S	E	V	E	R	A	L
	P	L	E	N	T	Y			
			W	H	O	L	E		
	P	I	E	C	E				
		B	I	T					
W	E	I	G	H					
			H	A	L	F			
			T	O	N				

a) litre, **b)** pound, **c)** several, **d)** plenty, **e)** whole, **f)** piece, **g)** bit, **h)** weigh, **i)** half, **j)** ton

Lösungswort k): lose weight

235.

a) a lot of, **b)** many, **c)** much, **d)** many, **e)** a lot of, **f)** much

BEGRIFFE ZUR BESCHREIBUNG

Farben und Formen

236.

a) red strawberries, **b)** blue sky, **c)** yellow banana, **d)** brown bear, **e)** green gras, **f)** black raven, **g)** purple plum, **h)** white dove, **i)** pink pig

237.

a) pale, **b)** light, **c)** dark, **d)** colourful, **e)** bright

238.

a) A, **b)** A, **c)** A, **d)** A, **e)** A, **f)** B

Vergleiche

239.

a) older, **b)** bigger, **c)** smaller, **d)** cheaper, **e)** faster, **f)** deeper, **g)** hotter, **h)** easier

240.

a) berühmter als, **b)** gefährlicher als, **c)** aufregender/spannender als, **d)** teurer als

241.

a) H, **b)** G, **c)** A, **d)** F, **e)** C, **f)** D, **g)** E, **h)** B

242.

P	S	A	M	E	W	R	E	S	T	E	N
T	U	L	L	A	L	S	O	M	U	S	T
L	U	C	O	M	P	A	R	E	P	Y	E
G	R	A	N	T	S	H	E	V	E	R	Y
A	V	E	R	A	G	E	C	K	E	R	L
P	L	O	R	L	I	K	E	W	A	Y	N
V	O	N	L	Y	L	U	M	I	N	O	L
E	X	D	I	F	F	E	R	E	N	C	E

a) only, **b)** compare, **c)** very, **d)** same, **e)** like, **f)** difference, **g)** also, **h)** average

243.

a) biggest, **b)** as ... as, **c)** not as ... as, **d)** sunniest, **e)** happier, **f)** not as ... as, **g)** most

244.

a) good, better, best, **b)** bad, worse, worst, **c)** little, less, least, **d)** far, farther, farthest

Modalausdrücke

245.

a) must, **b)** not have to, **c)** may, **d)** mustn't, **e)** can, **f)** can't, **g)** need, **h)** needn't, **i)** should, **j)** shouldn't

246.

a) D, **b)** B, **c)** C, **d)** A, **e)** F, **f)** E

247.

a) A, **b)** B, **c)** A, **d)** B

248.

a) Darf ich dir/Ihnen eine Frage stellen?, **b)** Du brauchst/Sie brauchen mir nicht zu antworten., **c)** Wirst du/Werden Sie Joe mitbringen können?, **d)** Du darfst/Sie dürfen nicht vergessen, ihn anzurufen., **e)** Er muss/braucht kein Geschenk mitzubringen.

249.

a) were able to, **b)** won't be allowed to, **c)** will have to, **d)** will be able to, **e)** shouldn't, **f)** needn't, **g)** wasn't able to, **h)** had to

250.

a) B, **b)** D, **c)** E, **d)** G, **e)** A, **f)** C, **g)** F

Wortverzeichnis

A

ability	*die Fähigkeit*
to **abuse**	*misshandeln*
access	*der Zugang*
account	*Konto*
adaptable	*anpassungsfähig*
address	*die Adresse*
adult	*der/die Erwachsene*
advertising	*die Werbung*
after	*nach*
afternoon	*der Nachmittag*
against	*gegen*
to **agree**	*zustimmen*
airline	*die Fluggesellschaft*
alive	*lebendig*
to **allow**	*erlauben*
already	*schon*
also	*auch*
ambassador	*der/die Botschafter(in)*
Anglican	*der/die Anglikaner(in), anglikanisch*
angry	*böse, wütend*
anniversary	*das Jubiläum, der Jahrestag*
annotation	*die Anmerkung*
announcement	*die Durchsage*
annoying	*ärgerlich*
to **apologize**	*sich entschuldigen*
appendix	*der Blinddarm*
applause	*der Beifall*
application	*die Bewerbung*
to **apply**	*sich bewerben*
appointment	*der Termin, die Verabredung*
apprentice	*der/die Auszubildende*
argument	*die Auseinandersetzung*
to **arrest**	*verhaften*
arrival	*die Ankunft*
article	*der Artikel*
artificial	*künstlich*
as soon as	*sobald wie*
ashore	*an Land*
Asia	*Asien*
asparagus	*der Spargel*
at first	*zuerst*
attack	*der Angriff*
attic	*der Dachboden*
attorney *(AE)*	*der Anwalt, die Anwältin*
autumn	*der Herbst*
available	*erhältlich, verfügbar*
average	*der Durchschnitt*
to **awe**	*Furcht einflößen*
awesome	*spitze, super*
awful	*schrecklich*

B

babbler	*der/die Schwätzer(in)*
back then	*damals*
backache	*Rückenschmerzen*
backpack *(AE)*	*der Rucksack*
bad	*schlecht*
bag	*Tüte, Tasche*
baggage *(AE)*	*das Gepäck*
baker	*der/die Bäcker(in)*
bandage	*der Verband*
banknote	*der Geldschein*
baptism	*die Taufe*
bar	*Riegel, Tafel (Schokolade)*
barbecue	*das Grillfest*
barley	*die Gerste*
barrister	*der Rechtsanwalt, die Rechtsanwältin*
basement *(AE)*	*der Keller*
basil	*das Basilikum*
bathtub	*die Badewanne*
battle	*der Kampf, die Schlacht*
to **be able to**	*können*
to **be afraid of**	*Angst haben vor*
to **be allowed to**	*dürfen*
to **be composed of**	*bestehen aus*
to **be delayed**	*verspätet sein*
to **be fond of sb.**	*jdn. sehr gern haben*
to **be scared of**	*Angst haben vor*
to **be supposed to**	*sollen*
to **be tuned**	*gestimmt werden*
beach	*der Strand*
to **beat, beat, beaten**	*schlagen*
beautiful	*schön*
beech	*die Buche*
beef	*das Rindfleisch*
beginner	*der/die Anfänger(in)*
behind	*hinter*
to **believe**	*glauben*
bell	*die Klingel*
bench	*die Bank*
bills	*die Nebenkosten*
birch	*die Birke*
bird	*der Vogel*
biro	*der Kugelschreiber*
biscuit	*der Keks*
black pudding	*die Blutwurst*
to **blame sb. for sth.**	*jdm. die Schuld für etw. geben*
blanket	*die Decke*
to **bleed**	*bluten*
blood	*das Blut*
blood group	*die Blutgruppe*
to **bloom**	*blühen*
to **blow-dry**	*föhnen*

2

WORTVERZEICHNIS

bobby *der Bobby*
body snatcher *der/die Leichenräuber(in)*
to **boil** *kochen*
boiled *gekocht*
to **book** *buchen*
border *die Grenze*
bottle *die Flasche*
bottle opener *der Flaschenöffner*
bowl *die Schüssel*
boyfriend *(fester) Freund*
brain *das Gehirn*
to **brake** *bremsen*
brass band *die Blaskapelle*
brave *tapfer, mutig*
Brazil *Brasilien*
bread *das Brot*
breathing *das Atmen*
bright *leuchtend, hell*
brochure *das Prospekt*
bruise *der blaue Fleck*
bubble *die Blase*
Buddhist *der/die Buddhist(in); buddhistisch*
budgie *der Wellensittich*
builder *der/die Bauarbeiter(in)*
building *das Gebäude*
burial *die Beerdigung*
to **burn, burnt, burnt** *(ver)brennen*
to **bury** *begraben*
busy *beschäftigt*
butcher *der/die Metzger(in)*
butcher's *die Metzgerei*
butterfly *der Schmetterling*

C

cabbage *der Kohl*
cabin *(AE)* *die Kabine, die Ferienhütte*
cabinet *Schrank*
can *(Konserven)dose*
candidate *der/die Bewerber(in)*
caravan *der Wohnwagen*
card *die Karte*
cardigan *die Strickjacke*
careful *vorsichtig*
careless *unvorsichtig*
caretaker *der/die Hausmeister(in)*
carpet *der Teppich*
cart *(AE)* *(Einkaufs)wagen*
carton *Karton*
cash *Bargeld, bar*
cash machine *der Geldautomat*
to **catch, caught, caught** *fangen*
caterpillar *die Raupe*
Catholic *der/die Katholik(in); katholisch*
cauliflower *der Blumenkohl*
cave *die Höhle*
cemetery *der Friedhof*
certificate *das Zeugnis*
chancellor *der/die Kanzler(in)*
to **change** *wechseln*
to **change for** *umsteigen nach*
chapter *das Kapitel*
charge *die Gebühr*
cheap *günstig, billig*
to **cheat** *mogeln*
chemist's *die Apotheke*
cherry *die Kirsche*
chives *(pl.)* *Schnittlauch*
chop *das Kotelett*
cider *der Cidre*
circle *der Kreis*
to **clap** *klatschen*
cliff *die Klippe*
close *eng*
closed *geschlossen*
closet *(AE)* *der Kleiderschrank*
clotted cream *dicker Rahm*
cloud *die Wolke*
to **clutch** *klammern*
coach *der Reisebus*
coast *die Küste*
coat *der Mantel*
coffin *der Sarg*
coin *die Münze*
collage *die Collage*
colleague *der Kollege, die Kollegin*
to **collect** *sammeln*
college *das College*
colourful *bunt*
comment *der Kommentar*
common *üblich, gemeinsam*
to **compare** *vergleichen*
compartment *das (Zug)abteil*
competition *der Wettkampf*
composer *Komponist*
compound *Verbindung, Kombination*
concerned *besorgt*
condition *der Zustand, die Bedingung*
conductor *der/die Schaffner/in*
conjunction *die Konjunktion*
connection *die Verbindung*
to **consist of sth.** *aus etw. bestehen*
contract *der Vertrag*
contrast *der Gegensatz*

Wortverzeichnis

convention	*der Brauch, die Sitte*
cooker	*der Herd*
cooperation	*die Zusammenarbeit*
copy	*das Exemplar, die Kopie*
to **copy and paste**	*kopieren und einfügen*
coral reef	*das Korallenriff*
cork oak	*die Korkeiche*
corkscrew	*der Korkenzieher*
corn	*das Getreide*
corpse	*die Leiche*
to **cost, cost, cost**	*kosten*
cosy	*gemütlich*
cottage	*die Hütte*
cotton	*die Baumwolle*
couch	*die Couch, das Sofa*
cough	*der Husten*
to **count**	*zählen*
courgette	*die Zucchini*
cover	*die Haube*
cracked	*rissig*
craft	*das Handwerk*
crashed	*verunglücken*
cream	*die Sahne*
cremation	*die Einäscherung*
crop	*die Ernte*
crossing	*(Bahn)übergang*
crossroads	*die Kreuzung*
crossword	*das Kreuzworträtsel*
crow	*die Krähe*
crowd	*die (Menschen)menge*
crown	*die Krone*
cruel	*grausam*
cruise	*Schiffskreuzfahrt*
crushed	*zerstoßen, zerkleinert*
cucumber	*die Gurke*
cupboard	*der Schrank*
curious	*neugierig*
currency	*die Währung*
curtain	*der Vorhang*
custard	*Vanillecreme*
customer	*der Kunde/die Kundin*
to **cut down**	*zurückschneiden*
cute	*niedlich, süß*
cutlery	*das Besteck*

D

daffodil	*die Osterglocke*
dairy product	*Milchprodukt*
daisy	*das Gänseblümchen*
to **damage**	*beschädigen*
damp	*feucht*
dangerous	*gefährlich*
dark	*dunkel*
date	*das Datum*
day	*der Tag*
to **deal (in)**	*handeln (mit)*
debt	*die Schulden*
deep	*tief*
to **defeat**	*besiegen*
deficient	*mangelhaft*
delay	*die Verspätung*
to **delete**	*löschen*
delicious	*lecker, köstlich*
delighted	*hoch erfreut*
to **deliver**	*liefern*
departure	*der Abflug, die Abfahrt*
deposit	*das Flaschenpfand*
desert	*die Wüste*
to **destroy**	*zerstören*
detector	*der Fühler, der Melder*
detergent	*das Reinigungsmittel*
determined	*entschlossen*
diary	*der Terminkalender*
dice (*pl.*)	*die Würfel*
to **die**	*sterben*
difference	*der Unterschied*
difficult	*schwierig*
to **dig, dug, dug**	*graben*
dinner jacket	*der Smoking*
disappointing	*enttäuschend*
dish	*das Gericht (Essen)*
dishes (*pl.*)	*das Geschirr*
distance	*die Entfernung*
dizziness	*der Schwindel*
to **do the dishes**	*abwaschen*
dolphin	*der Delfin*
to **draw, drew, drawn**	*zeichnen*
dressing	*die Salatsoße*
to **drown**	*ertrinken*
drug	*Droge*
drummer	*der/die Schlagzeuger(in)*
drums	*das Schlagzeug*
duck	*die Ente*
during	*während*
Dutch	*holländisch*
to **dye**	*färben*

E

ear	*das Ohr*
easternmost	*der/die/das östlichste*
easy	*leicht*
economy	*die Wirtschaft*
Egypt	*Ägypten*
election	*die Wahl*
electrician	*der/die Elektriker(in)*

embassy *die Botschaft, das Botschaftsgebäude*
emergency button *der Alarmknopf*
emigration *die Auswanderung*
employee *der/die Angestellte*
empty *leer*
enemy *der/die Feind(in)*
energy *die Energie*
engaged *besetzt; verlobt*
engagement *die Verlobung*
engine *der Motor*
enterprising *geschäftstüchtig*
entrance *der Eingang*
envelope *der Umschlag*
environment *die Umwelt*
escalator *die Rolltreppe*
to **escape** *fliehen*
even *sogar*
evening *der Abend*
ever *jemals, schon mal*
everything *alles*
exam *die Prüfung*
examination *die Untersuchung*
excellent *ausgezeichnet*
exciting *aufregend*
exercise *die Bewegung, die Übung*
exhaust pipe *der Auspuff*
exhausted *erschöpft*
exhibition *die Ausstellung*
exile *das Exil*
exit *der Ausgang*
expensive *teuer*
experienced *erfahren*
to **explain** *erklären*
eye *das Auge*

F

factory *die Fabrik*
to **fail** *durchfallen*
to **faint** *in Ohnmacht fallen*
fair *blond; gerecht*
famous *berühmt*
far *weit, fern*
fashion *die Mode*
fast *schnell*
fat *dick*
fatty *fettig*
favour *der Gefallen*
to **feel, felt, felt** *fühlen*
feeling *das Gefühl*
few *wenige*
to **fight, fought, fought** *kämpfen*
file *der Ordner*
to **finish** *beenden*
to **fire** *schießen*
fireplace *der Kamin*
flag *die Flagge*
flight *der Flug*
flour *das Mehl*
fog *der Nebel*
folder *der Ordner, die Mappe*
to **follow** *folgen*
foreign *ausländisch, fremd*
foreign minister *der/die Außenminister(in)*
foreigner *der/die Ausländer(in)*
forest *der Wald*
to **forget, forgot, forgotten** *vergessen*
to **forgive, forgave, forgiven** *vergeben*
forty *vierzig*
freezer *der Gefrierschrank*
French *französisch*
fried *gebraten*
fried egg *das Spiegelei*
frost *der Frost*
full *voll*
fur *das Fell*
furious *sehr wütend*
furniture *Möbel*

G

gadget *das Gerät*
garbage can (AE) *der Abfalleimer*
gardener *der/die Gärtner/in*
garlic *der Knoblauch*
gentle *sanft*
German *deutsch*
to **get up** *aufstehen*
to **get, got, got** *bekommen*
girlfriend *(feste) Freundin*
glad *glücklich*
to **go down** *hinuntergehen; fallen (Preise)*
goose *die Gans*
gourmand *der/die Feinschmecker(in)*
governor *der/die Gouverneur(in)*
government *die Regierung*
to **graduate** *einen (Studien)abschluss machen*
grateful *dankbar*
grave *das Grab*
gravy *die Bratensoße*
greengrocer's *der Obst- und Gemüseladen*

Wortverzeichnis

to **grow a beard**	*sich einen Bart wachsen lassen*
to **grow, grew, grown**	*wachsen (lassen)*
grumpy	*mürrisch*
guard	*die Wache, das Wachpersonal*
to **guess**	*raten*
guesthouse	*das Gästehaus, die Pension*
guide-book	*der Reiseführer*
guitar	*die Gitarre*

H

hail	*der Hagel*
hair extension	*die Haarverlängerung*
hairdresser	*der/die Friseur(in)*
hair-dryer	*der Fön*
half	*halb*
hall of residence	*das Studentenwohnheim*
hand	*die Hand*
to **hang around**	*herumhängen*
to **hang down**	*abhängen*
to **hang up**	*aufhängen*
harbour	*der Hafen*
to **have to**	*müssen*
head of state	*das Staatsoberhaupt*
headache	*Kopfschmerzen*
headlight	*der Scheinwerfer*
headline	*die Schlagzeile, die Überschrift*
headteacher	*der/die Schulleiter(in), der/die Direktor(in)*
to **heal**	*heilen*
health insurance	*die Krankenversicherung*
healthy	*gesund*
hearse	*der Leichenwagen*
heart	*das Herz*
to **heat**	*erhitzen*
heat	*die Hitze*
heating	*die Heizung*
heavy	*schwer*
herbs	*die Kräuter*
hiking boots	*die Wanderschuhe*
hill	*der Hügel*
Hindu	*der/die Hindu; hinduistisch*
holiday	*die Ferien, der Urlaub*
honest	*ehrlich*
to **honk**	*hupen*
horrible	*schrecklich*
hostage	*die Geisel*
hostility	*die Feindseligkeit*
hot-water bottle	*Wärmflasche*
hour	*die Stunde*
to **hug**	*umarmen*
huge	*riesig*
to **hunt**	*jagen*
to **hurt, hurt, hurt**	*verletzen, weh tun*
husband	*der Ehemann*

I

ice cube	*der Eiswürfel*
to **ice skate**	*Schlittschuh laufen*
immediately	*sofort*
immigration	*die Einwanderung*
impolite	*unhöflich*
to **improve**	*verbessern*
to **include**	*beinhalten*
income	*das Einkommen*
independent	*unabhängig*
India	*Indien*
industry	*die Branche*
infection	*die Entzündung*
inhabitant	*der/die Einwohner(in)*
injection	*die Spritze*
instruction	*die Anleitung*
insult	*die Beleidigung*
interest	*die Zinsen*
to **introduce**	*vorstellen*
invasion	*der Einmarsch*
invention	*die Erfindung*
invitation	*die Einladung*
to **iron**	*bügeln*
island	*die Insel*
Italian	*italienisch*

J

jam	*die Marmelade*
jelly	*der Wackelpudding*
jewellery	*der Schmuck*
to **join**	*beitreten*
journey	*die Fahrt, die lange Reise*
juice	*der Fruchtsaft*
to **jump**	*springen*
jumper	*der Pullover*

K

kettle	*der Wasserkessel*
keyboard	*die Tastatur*
kidney	*die Niere*
kind	*nett*
king	*der König*
to **know, knew, known**	*wissen, kennen*

L

ladybird	*der Marienkäfer*
lake	*der See*
large	*groß*
last	*der/die/das letzte*
late	*spät*
lately	*in letzter Zeit*
lawn	*der Rasen*
lawyer	*der Anwalt, die Anwältin*
to **lay the table**	*den Tisch decken*
lazy	*faul*
leader	*der/die Führer(in)*
least	*am wenigsten*
leather	*das Leder*
to **leave, left, left**	*verlassen*
lecture	*die Vorlesung*
leek	*der Lauch*
lemon	*die Zitrone*
lesson	*die Unterrichtsstunde*
to **let, let, let**	*lassen; vermieten*
letter	*der Brief*
letterbox	*der Briefkasten*
lettuce	*der Blattsalat*
level	*das Niveau*
library	*die Bibliothek*
to **lie down**	*sich hinlegen*
life	*das Leben*
light	*leicht*
lightning	*der Blitz*
like	*wie*
linen	*das Leinen*
to **listen**	*hören, zuhören*
little	*wenig, klein*
(to) **live**	*leben; live*
liver	*die Leber*
loaf	*der Laib (Brot)*
loan	*das Darlehen*
lodge *(AE)*	*die Hütte*
lolly	*der Lutscher*
long	*lang*
to **look after**	*aufpassen*
loose	*locker*
to **lose, lost, lost**	*abnehmen, verlieren*
lots of	*viel, viele*
low	*niedrig*
luggage	*das Gepäck*
lullaby	*das Schlaflied*

M

machine	*die Maschine*
mad	*verrückt*
magazine	*die Zeitschrift*
mainland	*das Festland*
maize	*der Mais*
majority	*die Mehrheit*
manners *(pl.)*	*Manieren*
map	*die Landkarte*
maple	*der Ahorn*
mark	*die Note; der Fleck*
marmalade	*die Orangenmarmelade*
match	*das Streichholz*
mate	*der Kumpel*
may	*dürfen*
to **mean, meant, meant**	*bedeuten*
meat	*das Fleisch*
melon	*die Melone*
memory	*das Gedächtnis*
mess	*die Unordnung*
message	*die Nachricht*
mind	*der Geist, der Verstand*
mine	*das Bergwerk*
minister	*der/die Minister(in)*
minority	*die Minderheit*
minute	*die Minute*
miracle	*das Wunder*
mirror	*der Spiegel*
to **miss**	*verpassen*
mistake	*der Fehler*
misty	*neblig*
misunderstanding	*das Missverständnis*
moisturizer	*Feuchtigkeitscreme*
mole	*der Maulwurf*
Monetary Union	*die Währungsunion*
monk	*der Mönch*
monkey	*der Affe*
month	*der Monat*
moon	*der Mond*
more	*mehr*
morning	*der Morgen*
Morocco	*Marokko*
motorway	*die Autobahn*
mountain	*der Berg*
mouth	*der Mund*
to **move**	*bewegen*
to **mow**	*mähen*
mud	*der Schlamm*
mug	*der Kaffeebecher*
mushroom	*der Pilz*
Muslim	*der/die Muslim(in); muslimisch*
must	*müssen*
mustn't	*nicht dürfen*

2

WORTVERZEICHNIS

Wortverzeichnis

N

nail polish	*Nagellack*
nap	*der Mittagsschlaf*
narrow	*eng*
neck	*der Hals*
need	*brauchen*
negotiation	*die Verhandlung*
network	*das Netzwerk*
newsagent's	*das Zeitschriftengeschäft*
newspaper	*die Zeitung*
next	*der/die/das nächste*
next time	*nächstes Mal*
niece	*die Nichte*
night	*die Nacht*
noon	*der Mittag*
nose	*die Nase*
not even	*nicht einmal*
note	*der Ton*
nothing	*nichts*
now	*jetzt*
nowadays	*heutzutage*
nurse	*die Krankenschwester, der Krankenpfleger*
nursery rhyme	*das Kinderlied*

O

oak	*die Eiche*
oats *(pl.)*	*der Hafer*
occupation	*die Besetzung*
offer	*das Angebot*
once	*einmal, einst*
onion	*die Zwiebel*
only	*nur; der/die/das einzige*
open	*geöffnet*
opposite	*das Gegenteil*
opposition leader	*der/die Oppositions-führer(in)*
oral	*mündlich*
order	*die Bestellung*
organ	*die Orgel*
organized	*organisiert*
outgoing	*kontaktfreudig*
oven	*der Backofen*
to **overdraw, over-drew, overdrawn**	*überziehen*
overnight	*über Nacht*
overtime	*Überstunden*
to **overwhelm**	*überwältigen; überhäufen*
to **owe**	*schulden*
owl	*die Eule*
owner	*der/die Besitzer(in)*

P

pack ice	*das Packeis*
packet	*das Päckchen*
page	*die Seite*
pain	*der Schmerz*
painkiller	*die Schmerztablette*
to **paint**	*malen*
paint	*die Farbe, der Lack*
painting	*das Gemälde*
pale	*blass, zart*
pants *(pl.)*	*die Unterwäsche*
pants *(pl., AE)*	*die Hose*
parcel	*das Päckchen*
parsley	*die Petersilie*
part-time	*Teilzeit, halbtags*
party leader	*der/die Parteichef(in)*
to **pass**	*bestehen (Prüfung); vorbeifahren*
passenger	*der/die Passagier(in)*
pastry	*Blätterteigteilchen*
path	*der Weg*
patient	*geduldig; Patient*
patriot	*der Patriot*
patrol	*die (Polizei)streife*
to **pay, paid, paid**	*bezahlen*
pea	*die Erbse*
peach	*der Pfirsich*
pear	*die Birne*
peony	*die Pfingstrose*
pepper	*der Pfeffer*
perforation	*das Loch*
performance	*die Aufführung*
perfume	*das Parfüm*
pet	*das Haustier*
pet food	*die Tiernahrung*
petrol	*das Benzin*
piano	*das Klavier*
pillow	*das Kissen*
pine	*die Kiefer*
pineapple	*die Ananas*
pity	*das Pech*
to **plant**	*pflanzen*
plaster	*das Pflaster*
plate	*Teller*
platform	*der Bahnsteig*
plausible	*glaubhaft*
pleasant	*angenehm*
pleased	*erfreut*
to **plough**	*pflügen*
to **plug**	*(zu)stopfen*
plum	*die Pflaume*
plumber	*der/die Klempner(in)*
P.O. box	*das Postfach*
point	*der Punkt*

policeman	*der Polizist*
policewoman	*die Polizistin*
policymaker	*der/die Entscheidungsträger(in)*
Polish	*polnisch*
polite	*höflich*
politician	*der/die Politiker(in)*
polluted	*verschmutzt*
pollution	*die Verschmutzung*
pond	*der Teich*
population	*die Bevölkerung*
pork	*das Schweinefleisch*
post office	*das Postamt*
postcard	*die Postkarte*
postcode	*die Postleitzahl*
pottery	*die Keramik; die Töpferei*
poultry	*das Geflügel, das Geflügelfleisch*
to **prefer**	*vorziehen, bevorzugen*
preferred	*bevorzugt*
prescription	*das Rezept*
present	*das Geschenk*
president	*der/die Präsident(in)*
to **press**	*drücken*
press	*die Presse*
pressure	*der Druck*
price	*der Preis, das Preisschild*
prime minister	*der/die Premierminister(in)*
to **print**	*drucken*
printer	*der Drucker*
prisoner	*der/die Gefangene*
producer	*der/die Hersteller(in)*
product	*das Produkt*
to **promise**	*versprechen*
Protestant	*der/die Protestant(in); protestantisch*
public	*öffentlich*
to **pull**	*ziehen*
pumpkin	*der Kürbis*
pupil	*der/die Schüler(in)*
purple	*lila, violett*
purse	*das Portemonnaie*
to **push**	*drücken*
to **put on**	*zunehmen*

Q

quarter	*das Viertel*
quarter past	*Viertel nach*
quarter to	*Viertel vor*
queen	*die Königin*
to **question**	*befragen, verhören*
quiet	*ruhig*

R

rabbit	*das Kaninchen*
railway	*die Eisenbahn*
to **rape**	*vergewaltigen*
raw	*roh*
to **react**	*reagieren*
reaction	*die Reaktion*
receipt	*die Quittung, die Empfangsbestätigung*
receiver	*der/die Empfänger(in)*
reception	*der Empfang, die Rezeption*
to **recognize**	*erkennen*
to **recommend**	*empfehlen*
recommended	*empfohlen*
recorder	*die Blockflöte*
rectangle	*das Rechteck*
to **recycle**	*wiederverwerten*
to **refuse**	*ablehnen, sich weigern*
to **regret**	*bedauern*
related	*verwandt*
relaxation	*die Entspannung*
to **remember**	*sich erinnern*
to **rent**	*mieten*
resident	*der/die Bewohner(in)*
to **resign from**	*kündigen*
resource	*die Ressource, der Rohstoff*
rest	*Pause*
result	*das Ergebnis*
to **retire**	*in den Ruhestand gehen*
retirement	*der Ruhestand*
river	*der Fluss*
robot	*der Roboter*
rocking chair	*der Schaukelstuhl*
roof	*das Dach*
rose	*die Rose*
rough	*rau, stürmisch*
round	*rund*
roundabout	*das Karussell; der Kreisverkehr*
row	*die Reihe*
rubbish bin	*der Abfalleimer*
rucksack	*der Rucksack*
rude	*unhöflich, unverschämt*
rule	*Regel*
ruler	*das Lineal*
rural	*ländlich*
rye	*der Roggen*

S

sack	*Tüte, Tasche*
sad	*traurig*
sale	*der Verkauf, der Ausverkauf*
sales assistant	*der/die Verkäufer/in*
sales-person *(AE)*	*der/die Verkäufer(in)*
same	*der/die/dasselbe*
satisfied	*zufrieden*
satnav	*das Navigationssystem*
sausage	*die Wurst*
to **save**	*retten, sparen, sichern, speichern*
savings	*die Ersparnisse*
saxophone	*das Saxofon*
scary	*unheimlich*
scissors *(pl.)*	*die Schere*
scrambled egg	*das Rührei*
scratch	*die Schramme*
scream	*der Schrei*
screen	*der Bildschirm*
screwdriver	*der Schraubenzieher*
sea	*das Meer*
seal	*die Robbe*
to **search**	*suchen*
seasick	*seekrank*
seat	*der Sitz*
seat belt	*der Sicherheitsgurt*
second	*die Sekunde*
seed	*der Kern*
seldom	*selten*
self-assured	*selbstbewusst*
self-confident	*selbstbewusst*
semicircle	*der Halbkreis*
separate	*getrennt*
serious	*ernsthaft*
to **serve**	*ausschenken, servieren*
shallow	*flach*
shark	*der Hai*
to **shave**	*rasieren*
shaving	*das Rasieren*
short	*klein, kurz*
should	*sollten*
shower	*die Dusche*
to **shrink, shrank, shrunk**	*schrumpfen*
shuttle	*der Pendelzug*
side	*die Seite*
to **sign**	*unterschreiben*
silk	*die Seide*
silly	*dumm*
simple	*einfach*
sink	*das Spülbecken*
skill	*die Fertigkeit*
skin	*die Haut*
skull	*der Schädel*
to **slam**	*zuknallen, zuschlagen*
to **slap**	*einen Klaps geben*
sleeping bag	*der Schlafsack*
sleeve	*der Ärmel*
small	*klein*
to **smoke**	*rauchen*
smoky	*rauchig*
to **snore**	*schnarchen*
snow	*der Schnee*
soap	*die Seife*
soldier	*der/die Soldat(in)*
solicitor	*der Rechtsanwalt, die Rechtsanwältin*
solution	*die Lösung*
sore	*wund*
sore throat	*Halsschmerzen*
sound	*der Klang*
sowing	*die Aussaat*
Spanish	*spanisch*
sparkling	*mit Kohlensäure*
speed	*die Geschwindigkeit*
spelling	*die Rechtschreibung*
spicy	*würzig, scharf*
spoilt	*verwöhnt*
spring	*der Frühling*
square	*der Platz, das Feld; viereckig, quadratisch*
staff	*das Personal*
stage	*die Bühne*
stamp	*die Briefmarke*
staring	*starrend*
starter	*die Vorspeise*
starving	*hungernd*
to **stay**	*bleiben*
steep	*steil*
step	*der Schritt*
stew	*der Eintopf*
stomach	*der Magen*
stomach ache	*Bauchschmerzen*
storeroom	*die Vorratskammer*
stove *(AE)*	*der Herd*
straight	*gerade*
strange	*merkwürdig, sonderbar*
strawberry	*die Erdbeere*
stream	*der Bach*
string	*die Saite*
student	*der/die Student(in)*
study	*das Arbeitszimmer*
to **study**	*studieren*
stupid	*dumm*
successful	*erfolgreich*
to **suffer from**	*leiden an*

suitcase	*der Koffer*
summer	*der Sommer*
sunbathing	*das Sonnenbaden*
sundae	*der Eisbecher*
sunflower	*die Sonnenblume*
sun-tan lotion	*die Sonnencreme*
support	*die Unterstützung*
surprised	*überrascht*
survival	*das Überleben*
to **survive**	*überleben*
swampland	*der Sumpf*
to **sweep, swept, swept**	*fegen*
sweetcorn	*der Mais*
to **switch off**	*ausschalten*
swollen	*geschwollen*

T

to **take apart**	*auseinandernehmen*
to **take off**	*abheben*
to **take place**	*stattfinden*
to **take, took, taken**	*nehmen*
tall	*groß*
tank	*der Tank*
tap	*der Wasserhahn*
task	*die Aufgabe*
teacher	*der/die Lehrer(in)*
thick	*dick*
thin	*dünn*
to **think, thought, thought**	*denken, glauben*
thorough	*gründlich*
to **throw the dice**	*würfeln*
to **throw, threw, thrown**	*werfen*
thunderstorm	*das Gewitter*
ticker	*die Pumpe*
ticking	*das Ticken*
to **tickle**	*kitzeln*
tight	*fest*
timetable	*der Stundenplan, der Fahrplan*
title	*der Titel*
today	*heute*
tomorrow	*morgen*
toned	*gestrafft*
tonight	*heute Abend*
toothache	*Zahnschmerzen*
toothpaste	*die Zahnpasta*
to **touch**	*berühren, anfassen*
towel	*das Handtuch*
trade	*das Gewerbe, der Handel*
trailer (AE)	*der Anhänger, der Wohnwagen*
trainee	*der/die Praktikant(in)*
tranquillity	*die Ruhe*
transcription	*die Abschrift, das Protokoll*
to **transfer**	*überweisen*
translation	*die Übersetzung*
to **travel**	*reisen*
travel agency	*das Reisebüro*
travel guide	*der Reiseführer*
to **treat**	*behandeln*
treatment	*die Behandlung*
treaty	*der Vertrag*
triangle	*das Dreieck*
trip	*der Ausflug*
trolley	*der Karren*
trombone	*die Posaune*
troop	*die Truppe*
trout	*die Forelle*
trumpet	*die Trompete*
truth	*die Wahrheit*
tube	*die Röhre*
tulip	*die Tulpe*
tuna	*der Thunfisch*
turkey	*der Truthahn, das Truthahnfleisch, die Pute, das Putenfleisch*
tutor	*der/die Klassenlehrer(in)*
tuxedo (AE)	*der Smoking*
twice	*zweimal*
twice a day	*zweimal am Tag*
tyre	*der Reifen*

U

ugly	*hässlich*
umbrella	*der Regenschirm*
to **undergo, underwent, undergone**	*sich unterziehen*
underground	*die U-Bahn*
undershirt (AE)	*das Unterhemd*
to **understand, understood, understood**	*verstehen*
underwear (AE)	*die Unterwäsche*
to **undo**	*rückgängig machen*
unemployment	*die Arbeitslosigkeit*
unfamiliar	*unvertraut, ungewohnt*
unforgettable	*unvergesslich*
unfurnished	*nicht möbliert*
university	*die Universität*
undertaker	*der Leichenbestatter*
until	*bis*
to **upgrade**	*aufrüsten*

upset	*böse, wütend*
urban	*städtisch*

V

vacation *(AE)*	*die Ferien, der Urlaub*
valley	*das Tal*
vegetable	*Gemüse*
very	*sehr*
vest	*das Unterhemd*
vet	*der Tierarzt, die Tierärztin*
veterinarian *(AE)*	*der Tierarzt, die Tierärztin*
victim	*das Opfer*
vinegar	*der Essig*
violence	*die Gewalt*
violent	*gewaltsam*
virus	*das Virus*
voice	*die Stimme*
volcano	*der Vulkan*
to **vote for sth.**	*für etw. stimmen*

W

to **walk**	*gehen*
wall	*die Wand*
wallet	*die Brieftasche*
wardrobe	*der Schrank*
waste	*der Abfall*
to **wave**	*winken*
weapon	*die Waffe*
wedding	*die Hochzeit*
to **weed**	*Unkraut jäten*
week	*die Woche*
weird	*seltsam*
wheat	*der Weizen*
whom	*wem, dem*
wide	*breit*
wife	*die Ehefrau*
to **win, won, won**	*gewinnen*
windscreen	*die Windschutzscheibe*
winter	*der Winter*
to **withdraw, withdrew, withdrawn**	*abheben*
wool	*die Wolle*
working condition	*die Arbeitsbedingung*
worried	*besorgt*
worse	*schlechter*
worst	*am schlechtesten*
wound	*die Wunde*
wrist	*das Handgelenk*
written	*schriftlich*

X

x-ray	*die Röntgenaufnahme*

Y

year	*das Jahr*
yet	*schon*

Bildnachweis

S. 14 a) thinstock (Fuse), b) shutterstock/MILA Zed, c) shutterstock/olly, d) istockphoto.com/ Sharon Dominick

S. 31 a) fotolia.de/Pavel Sazonov, b) fotolia.de/JIM RYCE, c) iStockphoto/Lisa Valder, d) fotolia. de/Milù

S. 42 fotolia/Gleb Semenjuk

S. 44 a) istockphoto.com/Trevor Nielson, b) istockphoto.com/subtik, c) fotolia/digieye, d) fotolia/zaphod2008, e) shutterstock/Stokkete, f) istockphoto.com/johanna goodyear, g) fotolia.de/laurent33, h) shutterstock/Maks Narodenko, i) fotolia.de/MNStudio

S. 50 a) shutterstock/Alexander Raths, b) shutterstock/Vitalii Nesterchuk, c) Fotolia.com/ Forgiss, d) fotolia/HaBlu, e) fotolia.de/Albert Schleich, f) fotolia.de/Alexander Rochau

S. 62 a) istockphoto.com/sinan isik, b) istockphoto.com/Chris Fertnig, c) istockphoto.com/Pali Rao, d) istockphoto.com/Imelda Kiss

S. 71 a) fotolia/gunnar3000, b) thinkstockphotos.com/iStockphoto, c) shutterstock/ vetryanaya_o, d) SchwarzFotoEstudio, Lübeck, e) SchwarzFotoEstudio, Lübeck, f) thinkstockphotos.com/Hemera

S. 78 a) fotolia/photomax, b) fotolia.de/A4stockphotos, c) PONS GmbH, Stuttgart, d) PONS GmbH, Stuttgart, e) thinkstockphotos/iStockphoto, f) shutterstock/Elnur

S. 86 a) shutterstock/Yeko Photo Studio, b) shutterstock/Darrin Henry, c) istockphoto.com/ keeweeboy, d) istockphoto.com/cokacoka, e) shutterstock.com/Amma Cat, f) SG-design - Fotolia.com

S. 93 a) shutterstock.com/Tupungato, b) shutterstock.com/holbox, c) shutterstock/Alfonso d'Agostino, d) shutterstock/Jordan Tan, e) shutterstock/Thor Jorgen Udvang, f) fotolia.de/ berdoulat jerome, g) shutterstock/EML, h) fotolia/Eray, i) shutterstock/ César Navarro Bustos

S. 98 a) shutterstock.com/Lasse Kristensen, b) shutterstock.com/Jim Barber, c) shutterstock. com/Gencay M. Emin, d) shutterstock/Lasse Kristensen, e) shutterstock.com/Glen Jones, f) shutterstock.com/ruskpp

S. 106 a) fotolia.de/Tatesh, b) fotolia.de/photostile, c) shutterstock.com/Ziga Camernik, d) fotolia.de/Eric Isselée, e) fotolia.de/Tramper2, f) istockphoto.com/Nancy Nehring

S. 117 a) fotolia.de/angelsimy, b) shutterstock.com/Larisa Lofitskaya, c) fotolia.de/volff, d) fotolia/HLPhoto, e) shutterstock.com/DUSAN ZIDAR, f) shutterstock/vseb, g) fotolia.de/ jerome signoret, h) fotolia.de/Unclesam, i) fotolia/Tomboy2290

S. 121 a) fotolia/Linda More, b) fotolia.de/Juan Jose Gutierrez, c) thinkstockphotos.com/ iStockphoto, d) fotolia/Elena Moiseeva

S. 129 a) fotolia.de/Michael00001, b) fotolia.de/Michael00001, c) fotolia.de/Michael00001, d) fotolia.de/Michael00001, e) fotolia.de/Michael00001, f) fotolia.de/Michael00001

S. 137 a) shutterstock.com/Valentyn Volkov, b) fotolia.de/Leonid Nyshko, c) fotolia/Andrzej Tokarski, d) shutterstock.com/Eric Isselée, e) istockphoto.com/smiley joanne, f) istockphoto. com/ Sharon Davis, g) © Anna Kucherova - Fotolia.com, h) © Irochka - Fotolia.com, i) fotolia.de/ Anatolii